D1331859

EL LOCO
DE LOS BALCONES

MARIO VARGAS LLOSA

EL LOCO
DE LOS BALCONES

TEATRO

Seix Barral **Biblioteca Breve**

Cubierta: Ripoll Arias

Primera edición: septiembre 1993
Segunda edición: octubre 1993
Tercera edición: noviembre 1993

© Mario Vargas Llosa, 1993

Derechos exclusivos de edición en castellano
reservados para todo el mundo
excepto Perú:
© 1993: Editorial Seix Barral, S. A.
Córcega, 270 - 08008 Barcelona

ISBN: 84-322-0689-X

Depósito legal: B. 35.404 - 1993

Impreso en España

Ninguna parte de esta publicación, incluido el diseño de la cubierta, puede ser
reproducida, almacenada o transmitida en manera alguna ni por ningún medio, ya
sea eléctrico, químico, mecánico, óptico, de grabación o de fotocopia, sin permiso
previo del editor.

librar - urge / fight / sane
quebrar = break, smash / interrupt
quebrarse - break / get broken
conmover - to shake / disturb / move.

A Ricardo Blume

escudriñar - examine closely / investigate.

escupir - to spit out

podrir = pudrir
→ to rot / decay
min

sustituir - to substitute / replace

tapiar - to wall in

aplastar - squash / crush.

apelar - to appeal

aullar - howl / yell

sumergir - submerge / sink

azuzar - egg on / ~~incite~~ incite

sumar - add up / collect

incrustar - to fix/mount
aludir - to allude
afilar - to sharpen
pregonar - to proclaim / announce
retumbar - to re-echo,
                reverberate, sound
                    resound   loudly

empeñar - pawn pledge pleud
empeñarse por - to plead for

retorcer - to twist
retozar - frolic, romp, gambol
erigir - erect / build
erigirse en - to set ons. up as.
sobrar - exceed, surpass, be more
                than enough
pulverizar - pulverize / spray
borrar = erase / rub out
dotar - to endow
afanar - to harrass
afanarse por - to strive to

amontonar - to pile up
amontonarse - to crowd together / pile up
acorralar - to round up
azuzar - to egg on / incite.

PERSONAJES

PROFESOR ALDO BRUNELLI, anciano

ILEANA, su hija

INGENIERO CÁNEPA

DIEGO, su hijo

Un BORRACHO

DOCTOR ASDRÚBAL QUIJANO

TEÓFILO HUAMANI

Los cruzados: DOÑA ENRIQUETA
                DOÑA ROSA MARÍA
                RICARDO
                PANCHÍN

cuchichear - to whisper
dormitar - to snooze
hervir - to to swarm / swell / boil
asomar - to show / put out on show / appear
cuartear - to quarter / divide up / whip / dodge
desbastar - smooth down / plane / refine / polish /
        take corners off
confinarse - to shut oneself away.
amanecer - to break light / dawn
        appear / begin to show

humedecer - to dampen / wet

humedecerse - to get damp / wet.
alumbrar - to shed light on / illuminate
encanallarse - to degrade o.s. become coarse   light up.

divisar - to make out / spy
canturrear - hum / croon / sing softly
arrastrar - bring down / carry off
adivinar - to prophecy / foretell
extirpar - to extirpate / root out / eradicate
burlar - to deceive / seduce
  burlarse - joke / banter scoff
    "   + de = to mock / make fun off
pulir / pulimentar - to polish

Mauresque / Moorish - in Moorish style.
Churrigueresque = lavishly ornamented.
      excessively ornate

EL VIEJO ESPLENDOR

El Rímac, en la Lima de los años cincuenta.

El barrio, corazón de la vida virreynal en el siglo XVIII, es ahora un distrito popular, de viejas casas convertidas en tugurios y conventillos que parecen hormigueros. Hay cantinas violentas, llenas de borrachos y gentes de mal vivir, y placitas recoletas y desmoronadas donde cuchichean las beatas y dormitan mendigos que huelen a pis. Las esquinas hierven de vagos y los faroles han sido pulverizados por pedradas de palomillas. Entre el presente de muros leprosos y fachadas descoloridas, aceras rotas y techos a medio encofrar, asoman, aquí y allá, huellas del extinto explendor: iglesitas cuarteadas por los temblores, de altares churriguerescos; ventanas de hierro forjado; balcones con celosías; torrecillas moriscas; calles de piedras sin desbastar y esqueletos de mansiones convertidas en mercados, pensiones o comisarías cuyos huertos han degenerado en descampado y muladar.

El Rímac es un barrio forajido, ruinoso, mosquiento, promiscuo, muy vital. En sus arrabales se confinaron los esclavos libertos en el siglo XIX y fue, entonces, famoso —como, antes, por sus palacios, carrozas, alamedas y conventos— por sus fiestas de ritmos africanos, sus brujerías y supersticiones, sus hábitos morados, sus procesiones, sus orgías, sus duelos a cuchillo, sus serenatas y sus lenocinios. Aquí nació el criollismo y la mitología pasadista de Lima. Y, también, el vals criollo de guitarra, palmas y cajón; la *replana*, esotérica jerga local, la variante zamba de la marinera y la lisura, en sus dos acepciones de palabra malsonante y gracia de mujer.

Al Rímac vienen todavía, huyendo de la respetabilidad, los burgueses de la otra orilla del río hablador, a pasarse una noche de rompe y raja con morenos y mulatas. Cantan valses de la guardia vieja, bailan marineras, beben mulitas de pisco, pulsan la guitarra y tocan el cajón. En octubre, durante la feria, los domingos y otros días de corrida, no sólo la plaza de Acho, todo el barrio recobra por unas horas su protagonismo y tradición.

Ahora es el amanecer y el Rímac duerme, en una oscuridad tranquila, interrumpida por maullidos de gatos rijosos. Humedece el aire esa lluviecita invisible de Lima, la garúa.

Mal alumbrado por el farol de la esquina, dando prestancia a un muro encanallado de inscripciones, hay un balcón. En él, entregado a extrañas manipulaciones, se divisa a un viejecillo enteco y ágil, vestido a la manera de otros tiempos.

Al fondo de la calle, andando despacio para no perder el equilibrio, aparece la silueta de un borracho.

Se acerca, canturreando.

AL PIE DE UN BALCÓN MUDÉJAR

BORRACHO

¡Ayayayay! ¡Caaanta y no llooores! Porque, can-
taaando... Jesús, qué es esto. ¡Los diablos azules! Pero
si sólo nos tomamos una botellita con mis primos.
¿O serían las mezclas de cerveza y pisco? Me habían
dicho que uno ve ratas y cucarachas y esto parece
más bien un viejito. Oiga, usted no es una pesadilla
sino un cristiano de carne y hueso ¿cierto?

PROFESOR BRUNELLI

Buenas noches, amigo.

BORRACHO

¿Qué busca trepado en ese balcón, se puede saber?
Esas travesuras se hacen de muchacho, no a sus años.
Usted está subido ahí ¿no? ¿O son los diablos azules?

PROFESOR BRUNELLI

Es una percepción exacta de la realidad. Estoy en
la barandilla de este balcón, efectivamente. Trepé
aquí sin ayuda de nadie.

BORRACHO

Estará usted más borracho que yo, entonces.

11

PROFESOR BRUNELLI

El último trago que tomé fue una copita de Chianti Classico, un vinito de mi tierra, hace la friolera de cuarenta años. Desde entonces, sólo agua y jugos de fruta.

BORRACHO

¿Se puede saber qué hace ahí? ¿Para qué amarra esa soga? No me diga que se va a robar a una muchacha, descolgándose con ella en sus brazos.

PROFESOR BRUNELLI

Ya veo que ha leído *Romeo y Julieta.*

BORRACHO

Leído, no. Vi la película. *(Pausa.)* Ese balcón estará comido por las polillas. Ahorita se viene abajo y quedará usted como mazamorra, don.

PROFESOR BRUNELLI

Es fuerte como una roca, a pesar de los doscientos diecisiete años que acaba de cumplir. De madera de cedro, traída a Lima desde Nicaragua. Nos puede resistir a los dos juntos. ¿Quiere hacer la prueba?

BORRACHO

Ni de vainas. Estaré borracho pero de tonto no tengo un pelo. ¿Tiene doscientos diecisiete años ese vejestorio?

PROFESOR BRUNELLI

Y algunos meses, aunque no podría precisar cuántos. El modelo vino de Sevilla. Del taller del maestro Santiago de Olivares y Girondo, cuyos dibujantes diseñaron la mayoría de balcones coloniales de Lima. Y los de Arequipa, Trujillo, Ayacucho, Huancavelica, Cusco y Cajamarca. Pero, permítame aclararle algo, amigo.

BORRACHO

Diga, nomás.

PROFESOR BRUNELLI

Aunque los planos venían de allá, usted buscaría en vano, en Sevilla o en toda Andalucía, un balcón parecido a éste.

BORRACHO

¿Está burlándose de mí? ¿A qué viene ese discurso?

PROFESOR BRUNELLI

A que este balcón, aunque concebido en España. es más peruano que usted y más limeño que santa Rosa de Lima. ¿Se da cuenta?

BORRACHO

Usted parece más loco de lo que creí. ¿De qué tendría que darme cuenta?

PROFESOR BRUNELLI

De que lo esencial no fueron los planos, ni los arquitectos sevillanos, sino los ejecutantes. Los carpinteros, los ebanistas, los talladores de aquí. Ellos lo crearon, con sus manos, con su espíritu y, sobre todo, con su amor.

BORRACHO

Debo tener diablos azules, sí. Son las cinco de la mañana, hay neblina, no queda un perro suelto en las calles. Y usted, trepado en ese balcón ¡hablando del espíritu de los carpinteros!

PROFESOR BRUNELLI

Los esclavos africanos y los artesanos indios que cortaron, labraron, pulieron y clavaron estas made-

13

ras en el XVII, en el XVIII, en el XIX, volcaron en ellas lo mejor que tenían. Y su espíritu quedó impregnado en las tablas.

BORRACHO *(Tratando de hacer un chiste para disimular su confusión.)*
¿Impregnado como el olor a pipí que me quedó en el cuerpo de esa cantina muerta de hambre a la que me arrastraron mis primos?

PROFESOR BRUNELLI
Probablemente, ni se daban cuenta. No advertían que, al materializar esos dibujos sevillanos, los alteraban. Cambiándoles el semblante y la personalidad.

BORRACHO
¡Jajajá! ¡El semblante y la personalidad de los balcones! Esto se pone chistoso, don.

PROFESOR BRUNELLI
Infundiéndoles una vida propia.

BORRACHO
¿Los balcones, una vida propia?

PROFESOR BRUNELLI
Quien tiene ojos para ver, lo puede ver. Yo lo veo. Cuando descubro los mensajes que los peruanos de entonces nos dejaron en estas tablas, me parece dialogar con ellos. Verlos, estrecharles la mano.

BORRACHO
¡Ya sé! Usted es un rosacruz. Conocí a uno, hace tiempo. Veía mensajes en las nubes, en las piedras. Se las pasaba hablando con las almas. ¿Es usted un rosacruz, don?

PROFESOR BRUNELLI

Soy profesor de historia del arte. Y he dado, también, clases de italiano.

BORRACHO

Bueno, bueno, siga con su cantaleta. ¿Qué mensaje dejaron esos fulanos en los balcones?

PROFESOR BRUNELLI

Su cultura. Lo hicieron con tanta astucia que sus amos no se dieron cuenta. No lo habrían permitido. Y mucho menos los inquisidores, si hubieran adivinado que en estos balcones quedaban huellas de las idolatrías que creían haber extirpado.

BORRACHO

Me está dando usted todo un sermón. ¿Y para qué amarra ahí esa soga, se puede saber?

PROFESOR BRUNELLI

¿Un sermón? No, una charla. Di decenas, en colegios, iglesias, clubs, casas particulares. Enseñando a la gente que el pasado es tan importante como el futuro, para un país. Decenas de decenas. Mis oyentes solían quedarse como usted. Cierre la boca, amigo, no se vaya a tragar una mosca.

BORRACHO

La verdad es que ando despistado, don. ¿Es usted sabio o le falta un tornillo? Yo sólo veo unas tablas despintadas, llenas de telarañas.

PROFESOR BRUNELLI

Hay que mirar a los balcones con el mismo amor con que fueron fabricados. Entonces, las yemas de los dedos, acariciando su superficie, identifican las creencias de sus constructores. Los peces y las conchas que insinuaron los artesanos del litoral. Las escamas de serpientes, los colmillos de pumas, los espolones y picos de cóndores que incrustaron en sus pilastras y dinteles los ebanistas de la sierra. Los cuernos, medialunas, soles radiantes, estelas, tótems que escondieron en sus molduras los esclavos nostálgicos del África.

BORRACHO

¿Hay todas esas cosas en los balcones cochambrosos de Lima?

PROFESOR BRUNELLI

Sugeridas, aludidas. Basta un poco de sensibilidad para notarlo. ¿No se han ganado por ello el derecho a la existencia?

BORRACHO

Por qué grita, abuelo.

PROFESOR BRUNELLI

¿No tenemos la obligación de defenderlos? ¿De atajar a esos especuladores sin cultura y sin moral que quieren destruirlos?

BORRACHO

Vaya, ahora me riñe. ¿Yo qué le hice, caballero?

PROFESOR BRUNELLI

Me exalté un poco. Le pido disculpas.

BORRACHO

¿Sabe que habla como si los balcones fueran personas?

PROFESOR BRUNELLI

Están vivos. Ni más ni menos que usted y yo.

BORRACHO

¿Me puede decir ahora qué amarra ahí? No estará pensando en ahorcarse, ¿no?

PROFESOR BRUNELLI

No se preocupe por mí.

BORRACHO

¿No tiene frío ahí arriba? Un catarro a sus años podría ser fatal, don.

PROFESOR BRUNELLI

Estoy bien abrigado, gracias.

BORRACHO

Yo, en cambio, me muero de frío y de sueño. Así que, a casita, a enfrentarse a la Gertrudis. ¿Puedo hacer algo por usted?

PROFESOR BRUNELLI

Nada, gracias. Pero por este balcón y sus hermanos, puede. Alertar la conciencia pública. Explicar que destruirlos es una traición a esos ancestros que, desde el fondo de los siglos, nos miran y nos juzgan. Hágale ese servicio a su país, amigo.

BORRACHO

No quiero que me tiren piedras ni que me pongan una camisa de fuerza. Un consejo, antes de irme. No se ahorque. A pesar de todo, la vida vale la pena. Se lo dice alguien con el que esta ciudad de mierda ha sido muy ingrata. Y, sin embargo, aquí estoy, sacando el pecho y dando la pelea. Adiós, don.

Se aleja, con andar vacilante, en el amanecer todavía sin luz. En el tenue silbido del viento se insinúa el estribi-

llo del *Himno de los Balcones*. Sus compases y algunos ladridos de perros madrugadores quedan como música de fondo, mientras el profesor Brunelli, distraído un momento del nudo que hace en la soga, fantasea, recuerda y dialoga con una ciudad fantasma.

II

LA LIMA QUE SE FUE

PROFESOR BRUNELLI

Lima, Lima ¿has sido también ingrata conmigo?
Sí, pues me voy de tus calles más pobre de lo que
llegué. Se terminó el noviazgo, putanilla. Cuarenta y
pico de años. Quedas libre de ir a corromperte por
ahí con gentes como el doctor-doctor Asdrúbal Quijano o el ingeniero Cánepa. Te comprarán abrigos de
concreto armado, joyas de plexiglás, vestidos de ace-
ro y sombreros de vidrio esmerilado. ¡Pobre de ti!
¡La ciudad de los reyes! Así te llamaban cuando el
joven Brunelli desembarcó en el puerto del Callao,
hambriento de exotismo. ¡Lima, la morisca! ¡Lima, la
sevillana! ¡Lima, la sensual! ¡Lima, la andaluza!
¡Lima, la mística! Coqueterías de putanilla para sedu-
cir al joven florentino enamorado del arte y de la
historia. Eras la capital de una república, pero la
vida colonial seguía viva. Cómo te deslumbraba ese
pasado que era aquí presente, Aldo Brunelli. Cuando
iba a dar mis clases a las niñas de sociedad, todo me
maravillaba de ti. ¡Qué espectáculo! Las calles traza-
das a cordel, por los conquistadores. Los adoquines
pulidos por las herraduras de las bestias. Los aguate-
ros y afiladores pregonando sus servicios y los párro-
cos llevando la extremaunción, entre campanillas y
zahumerios, a los moribundos del barrio. ¡Adónde
viniste a parar, Aldo Brunelli! Era octubre. Allí pasa-

ban los negros y mulatos, vestidos de morado, en la procesión del Señor de los Milagros, o bebiendo y zapateando como en una saturnal. Fue un amor a primera vista, putanilla. A pesar de lo maltratada que estás, todavía te amo. Aún pienso en ti como en mi novia. «A lo único que le tengo celos es a Lima», decía mi pobre mujer, que en paz descanse. Ni a ti ni a Ileana les di la vida que se merecían, esposa, es verdad. ¡Ileana, hijita querida! Ahora recibirás tu recompensa por tantas privaciones. ¿Te alegra que nuestra hija se haya casado con ese muchacho, esposa? Claro que te alegra. A mí también, te lo juro. «Pero, Aldo, ¿me quieres explicar qué le ves a Lima?» «Le veo el alma, amor mío.» Anticuada, pintoresca, multicolor, promiscua, excéntrica, miserable, suntuosa, pestilente. Así eres, putanilla. Mi mujer no podía entender que tú y yo fuéramos novios. Ileana tampoco, por lo visto. Pero a ti y a mí nos daba lo mismo que ellas no lo entendieran ¿cierto? Nos hemos llevado bien. Pronto hubiéramos cumplido nuestras bodas de oro. Te están matando a poquitos y yo ya no estaré aquí para entonar los responsos. Hasta ha contribuido a tu desaparición, buena amiga. Hice lo que tenía que hacer. Tú lo apruebas, lo sé. ¡Adiós, iglesias barrocas cargadas de exvotos! ¡Adiós conventos de osarios macabros y huertos fragantes! Parecías haber escapado a la usura del tiempo, por una distracción divina. Pero ya llegaron los ingenieros Cánepas con sus escuadras y sus plomadas a incrustarte en la cronología. Tú no fuiste ingrata conmigo, putanilla. Me has dado lo mejor que tenías. Tu garúa, la lluvia que no es lluvia. Tu neblina, la niebla que no es niebla. Tus teatinas, ni techos ni ventanas sino techosventanas. Tus zaguanes donde retumba la historia. Y tus balcones, tan amados. No me guardas rencor ¿verdad, putanilla? Hubiera sido peor que cayeran

20

III

MAGIA, MISTERIO, RATAS Y ELECTRICIDAD

INGENIERO CÁNEPA

¿De balcones, dice usted?

PROFESOR BRUNELLI

Sí, ingeniero Cánepa, eso digo.

INGENIERO CÁNEPA

¿De eso viene a hablarme?

PROFESOR BRUNELLI

Ellos dan a Lima un sello de distinción y originalidad entre todas las ciudades del mundo. Esos balcones que usted se ha empeñado en echar abajo con sus bulldozers, monstruos que parecen salidos de una pesadilla de Hieronymus Bosch. Pero, claro, usted no sabrá quién es El Bosco.

INGENIERO CÁNEPA

En cambio, sé quién es usted. ¡Por supuesto! Usted es...

PROFESOR BRUNELLI

El loco de los balcones. En efecto, señor demoledor. Usted y yo seremos siempre enemigos. Pero lo cortés no quita lo valiente. Profesor Aldo Brunelli, a sus órdenes.

23

INGENIERO CÁNEPA

Mucho gusto. Éste es Diego, mi hijo. Otro demoledor en ciernes, pues acaba de recibirse de arquitecto.

PROFESOR BRUNELLI

Hola, joven.

DIEGO

Encantado, profesor.

INGENIERO CÁNEPA

Mi hijo es uno de sus admiradores. Lo cree un Quijote moderno.

DIEGO

¿Le vas a decir lo que tú piensas de él, papá?

INGENIERO CÁNEPA

Claro que sí. Yo le decía a Diego que usted no es un idealista sino un romántico.

PROFESOR BRUNELLI

¿Es incompatible ser idealista y romántico?

INGENIERO CÁNEPA

En mi opinión, sí. Un idealista quiere cambiar las cosas para mejor, perfeccionar la vida, elevar la condición de los hombres y de la sociedad. Yo soy un idealista, profesor. Un romántico es un iluso. Un soñador retorcido e impráctico, que sueña imposibles, como erigir casas en las nubes. Las casas se construyen en la tierra firme, profesor Brunelli.

PROFESOR BRUNELLI

Los balcones están en el aire, cerca de las nubes.

24

INGENIERO CÁNEPA

Me gusta que tenga sentido del humor. Yo también tomo las cosas con alegría. Bien, ya lo ve, aquí no nos sobra el tiempo. ¿Puedo saber el motivo de su visita?

PROFESOR BRUNELLI

Lo sabe de sobra: la casa de la calle de Espaderos. Una de las pocas sobrevivientes del XVII. Por esa mansión que usted ha comenzado a pulverizar pasaron virreyes, oidores, arzobispos, magistrados. Y parece que en ella escondieron sus amores el libertador Simón Bolívar y una mulata vivandera.

INGENIERO CÁNEPA

¡Pasaron, tuvieron! Tiempo pretérito. Ahora, esa mansión es un cuchitril subdividido con tabiques y esteras. Sin agua y sin luz. Donde los inquilinos se disputan el espacio con ratas y cucarachas. ¿Ha venido a pedirme que no eche abajo ese monumento a la mugre?

PROFESOR BRUNELLI

He venido a pedirle compasión para sus dos balcones. Están bien conservados. La celosía del que mira al poniente se halla intacta. Y la del otro, aunque dañada, se puede restaurar. Destruirlos sería un crimen de lesa cultura. No puede hacer semejante cosa a la ciudad que lo vio nacer.

INGENIERO CÁNEPA

Le voy a hacer un bien. Un edificio de doce pisos, moderno e higiénico. Donde los limeños vivirán y trabajarán en condiciones decentes, como hombres y mujeres del siglo XX. Su cruzada es simpática, lo admito. Pero usted no puede exigir que, por unos cuantos balcones, Lima renuncie al progreso.

25

PROFESOR BRUNELLI

Sólo le pido que no cometa un suicidio histórico. ¿No estamos rodeados de desiertos por el norte y el sur? Erupcione esos arenales de rascacielos. ¿Por qué levantar sus edificios precisamente donde, para construir el futuro, tiene que borrar trescientos años de pasado? Usted y sus colegas están robándole el alma a Lima. Matando su magia, su misterio.

INGENIERO CÁNEPA

Estamos dotándola de electricidad, de agua potable, de desagües. De viviendas y oficinas para esos limeños que se multiplican como conejos. Para vivir, se necesitan cosas concretas, profesor. De magias y misterios no vive nadie. Ya sé que no lo voy a convencer. Sepa, pues, que tengo todos los permisos. Municipales y ministeriales. Y el visto bueno de la Dirección de Conservación del Patrimonio Artístico y Monumentos Históricos.

PROFESOR BRUNELLI

¡La Dirección de Conservación del Patrimonio Artístico y Monumentos Históricos! Tamaño nombre para ese cubil de burócratas. ¿Le digo cuánto le costó el permiso? Conozco las tarifas del doctor-doctor Asdrúbal Quijano, historiador y arqueólogo que, bien remunerado, autorizaría la demolición de la catedral de Lima.

INGENIERO CÁNEPA

No sea tan severo. También los arqueólogos y los historiadores deben alimentarse y el Estado paga mal. Bueno, mucho gusto de haberle conocido, profesor.

PROFESOR BRUNELLI

No me voy todavía. Ya veo que he fracasado en mis exhortaciones. Hablemos de negocios, entonces.

INGENIERO CÁNEPA

¿De negocios?

PROFESOR BRUNELLI

¿Cuánto quiere por esos balcones? Véndamelos.

INGENIERO CÁNEPA

Son suyos. Se los regalo. ¿Qué va a hacer con ellos?

PROFESOR BRUNELLI

Por lo pronto, salvarles la vida. Después, restaurarlos de las inclemencias del tiempo y de los bárbaros. Luego, ya se verá.

INGENIERO CÁNEPA

¿Sabe que, aunque sus ideas me parecen anacrónicas, eso que hace me impresiona? A lo mejor tengo un alma romántica yo también.

PROFESOR BRUNELLI

Entonces, hágame el favor completo. ¿No podría, uno de los monstruos rodantes de su empresa, llevarme los balcones a mi corralón, en el Rímac?

DIEGO

Se los llevaré yo mismo, profesor. Le prometo descolgarlos de la fachada sin que sufran un rasguño.

INGENIERO CÁNEPA

¿Tiene usted un cementerio de balcones, allá, en el Rímac?

Pero el profesor Brunelli ya no lo escucha. Desconectado del recuerdo, sumido de nuevo en su monólogo, ha emprendido el retorno al viejo balcón.

27

PROFESOR BRUNELLI *(Escalando ágilmente el muro, volviendo a manipular la soga.)*

Cementerio de balcones, cementerio de ilusiones, de sueños, de esperanzas. ¿No, Ileana?

INGENIERO CÁNEPA *(Hablando a un invisible interlocutor, con voz que se desvanece al igual que su persona y su despacho, en las sombras del olvido.)*

Eso sí, profesor Brunelli. Nos estamos despidiendo como amigos, ¿verdad? Entonces, no se le ocurra organizarme una manifestación con cartelitos, en la obra de Espaderos. Mi compañía tiene un plazo y no puedo permitir interrupciones, porque me multan. Si sus viejitas y sus niños románticos vienen a molestar, mis obreros los correrán a palos. Por lo demás, muy amigos, y aquí me tiene para lo que se le ofrezca.

El derredor se ilumina con una luz de mediodía, veraniega. Aparece el cementerio de los balcones, donde el profesor Brunelli ha ido acumulando los objetos antiguos que rescata. Los balcones se apiñan, unos sobre otros, en increíble desorden. Hay varias decenas, de todos los estilos y épocas, en distinto estado de conservación. Un grupo de señoras y jóvenes se afanan entre los balcones, limpiándolos, barnizándolos y clasificándolos, en un ambiente risueño y entusiasta. En un rin-

cón del descampado, medio aplastada entre los trastos, se divisa la modesta casita donde vive el profesor con su hija Ileana. Desde lo alto del balcón rimense en el que ha decidido ahorcarse, el profesor Brunelli contempla el espectáculo, en su memoria, enternecido: ahí está Ileana, recibiendo a Diego Cánepa, que llega al descampado trayendo los dos balcones de la calle de Espaderos.

PROFESOR BRUNELLI

¡Adiós, viejitas! ¡Adiós, doña Enriqueta Santos de Lozano, alma noble, colaboradora eximia! ¡Adiós, doña Rosa María de Sepúlveda, matrona generosa, de la casta de las santas y las heroínas! ¡Adiós, caro Ricardo! ¡Adiós, queridísimo Panchín! Románticos como ustedes hicieron Machu Picchu y el Taj Mahal, los Uffizi y el Louvre. ¡Adiós, Ileana Brunelli, flor inocente cuya juventud sacrifiqué sin darme cuenta!

Parece que fuera a ponerse la soga en el cuello. Pero lo que ocurre a sus pies, en el cementerio de los balcones, captura su atención. Curioso, entretenido, observa.

IV

EL CEMENTERIO DE LOS BALCONES

ILEANA
Eres Diego Cánepa, ¿no?

DIEGO
Hola. Traigo estos balcones para el profesor Brunelli.

ILEANA
Los de la calle de Espaderos. Mi papá me había prevenido. *(A los cargadores.)* Pónganlos donde encuentren un hueco. *(A Diego.)* Soy Ileana, la hija del profesor. Mi papá volverá ahorita.

DIEGO
Mucho gusto.

ILEANA
Despierta, vuelve a la tierra.

DIEGO
Es que nunca me hubiera imaginado un lugar así, en este barrio. Como el escenario de un cuento de hadas.

ILEANA
De brujas, dirás.

DIEGO

Bueno, tal vez. Todos esos balcones y amontonados de esa manera. Una ciudad de fantasmas, una pesadilla gótica. No sé con qué compararlo, la verdad. ¿Cuántos balcones hay aquí?

ILEANA

Setenta y seis. Setenta y ocho, con los que acabas de traer. Todo está tan desordenado por la falta de espacio. Ya no caben, tenemos que ponerlos unos sobre otros. Nos han ido acorralando. Apenas podemos respirar mi papá y yo, en ese rinconcito.

DIEGO

¿Ustedes viven aquí?

ILEANA

En el Rímac no sólo hay negros y cholos. También blancos muertos de hambre, como nosotros.

DIEGO

Era una simple pregunta. ¡Setenta y ocho balcones! Parece mentira. ¡Todo el virreinato! Trescientos años de historia en un corralón de Bajo el Puente.

PROFESOR BRUNELLI *(Reflexionando, dentro del recuerdo.)*

Cuatrocientos. Había, también, balcones republicanos de principios, de mediados y de finales del XIX. Hubiera podido ser el museo más original del mundo. «Cuatro siglos de Lima a través de sus balcones.» No se te ocurrió, mi querido Diego, a ti que se te ocurrían tantas cosas.

DIEGO

¿Y esos muchachos y esas señoras?

ILEANA

Son los cruzados.

DIEGO

Caramba.

ILEANA

A mi padre le gustan las grandes palabras y los símbolos, como buen italiano. Tiene un sentido operático de la vida.

DIEGO

Eso parece: un decorado de ópera, Vaya, encontré la comparación que buscaba. ¿Eres italiana, también?

ILEANA

No, yo soy limeña. Como mi mamá.

DIEGO

¿También tiene ella la pasión de los balcones?

ILEANA

Murió cuando yo era de este tamañito. No la conocí, en realidad. Sólo por fotos. Y por una carta. Me la escribió cuando sintió que se moría, para que la leyera de grande. Pidiéndome que ayudara a mi papá. «Un hombre tan bueno pero sin ningún sentido práctico», me decía. Eso es lo que soy: el ancla de mi padre en este mundo. Sin mí, empezaría a levitar y desaparecería entre las nubes, de puro bueno que es.

DIEGO

Lo vi apenas un minuto, pero me bastó para saber que era un ser íntegro. ¿Y qué hacen los cruzados?

ILEANA

Ya lo ves: trabajan. O, como diría mi padre...

33

PROFESOR BRUNELLI

¡Libran la batalla de la cultura! ¡Quiebran lanzas por el ideal!

ILEANA

Porque los demoledores son sólo parte del problema. También quieren acabar con ellos las polillas y la humedad. Los curamos con un preparado de alcohol y alcanfor que mata los bichos sin dañar la madera y los barnizados con una cera que los proteje contra la corrosión.

DIEGO

Como a bebitos con resfrío, ni más ni menos. Una gota en cada agujerito. En ese balcón, que parece un colador, la pobre señora se va a tardar un año.

ILEANA

Somos apenas un puñado. No llegamos a veinte, cuando vienen todos, lo que ocurre rara vez.

DIEGO *(Bajando la voz.)*

¿Todos voluntarios? Quiero decir...

ILEANA

¿Crees que podemos pagar sueldos? Lo que gana mi papá, y los pocos donativos, se van en rescatar esos balcones de las manos de los atilas.

DIEGO

¡Los atilas! ¿Así lo llaman a mi viejo?

PROFESOR BRUNELLI

No todos eran tan generosos como el ingeniero Cánepa, lo admito. Los otros no nos regalaban los balcones. Había que comprárselos, regateando centavo a centavo. ¡Adiós, fenicios insensibles!

ILEANA

¿No te llama la atención que entre los cruzados sólo haya viejas y jovencitos?

DIEGO

Ya lo sabía. He visto fotos de las manifestaciones que hacen ustedes, cuando van a tumbar una casa antigua.

ILEANA

Mi padre dice que, en este país, el idealismo sólo se da en la primera y la tercera edad. Y que a nuestra generación el egoísmo no la deja ver más allá de sus narices.

PROFESOR BRUNELLI

¡Más allá de sus carteras, más bien!

DIEGO

Bueno, tú eres la excepción a la regla. La que salva el honor de la gente de nuestra edad.

ILEANA

Como hija del profesor Aldo Brunelli, qué me queda. Estoy condenada a ser idealista.

DIEGO

¿Sabes que estoy conmovido? Con todo esto, quiero decir. Con tu padre, sobre todo. Eso se llama tener convicciones, principios. Puede ser una quimera, pero lo que ustedes hacen es admirable.

ILEANA

Vaya, vaya. ¿No será que el hijo del atila número uno de la Lima antigua es también un idealista?

DIEGO

¿Podría echarles una mano en mis ratos libres?

ILEANA

De mil amores. Necesitamos voluntarios. Porque, además de curarlos y barnizarlos, hay que estudiarlos, clasificarlos, fotografiarlos. Y escudriñarlos milímetro a milímetro, pues cada uno de ellos es...

PROFESOR BRUNELLI E ILEANA *(A coro.)*

¡Un cofre de tesoros! ¡Un arca de maravillas! ¡De enseñanzas, de sugerencias, de reminiscencias y perfumes históricos!

DIEGO

No parece que lo creyeras. Lo dices como burlándote.

ILEANA

¡Te equivocas! Yo creo todo lo que cree mi padre. Muchos piensan que está chocho. ¿No le han puesto los periódicos «el loco de los balcones»? En realidad, es el hombre más lúcido y más cuerdo, además del más generoso que hay en esta ciudad. ¿Es de veras, lo de venir a ayudarnos?

DIEGO

Me gustaría mucho.

V

LOS CRUZADOS

*El profesor Brunelli, como a pesar
de sí mismo, es atraído por lo que
ocurre. Suelta la soga, desciende del
balcón, se desliza entre los cruzados.*

ILEANA

Magnífico, Diego. ¡Muchachos, señoras! Otro voluntario para la cruzada. Les presento a Diego Cánepa. ¡Un aplauso de bienvenida! *(Los cruzados se
aproximan a los dos jóvenes, con un rumor entusiasta. Hay exclamaciones —¡Bravo! ¡Bienvenido!— y un
prolongado aplauso.)* Aquí llega mi papá. Se va a llevar una sorpresa. ¡Hola, papá! Mira quién está aquí.
Diego Cánepa, hijo del que ya sabes.

DIEGO

El atila número uno... Cómo está, profesor.

ILEANA

Trajo los dos balcones de Espaderos... Y, cáete de
espaldas, va a trabajar con nosotros como voluntario.
¡Qué te parece!

PROFESOR BRUNELLI

Estupendo, Ileana. Déme esa mano, Diego. Ya me
pareció ver en sus ojos un brillo inteligente, de hom-

37

bre sensible. ¿Así que nos ayudará? Es una buena noticia. Compensa en algo la mala que les traigo.

Los cruzados lo rodean, inquietos.

DOÑA ENRIQUETA
¿La casa del Corsario, la de la calle de la Pelota?

PROFESOR BRUNELLI
Sí, doña Enriqueta.

DOÑA ROSA MARÍA
La echarán abajo, ¿entonces?

PROFESOR BRUNELLI
La Dirección de Preservación del Patrimonio Artístico y de Monumentos Históricos autorizó la demolición. Con los pretextos de siempre.

VI

EL DESPOTISMO ILUSTRADO

> *En un rincón del escenario aparece, detrás de su escritorio, la cara iracunda del doctor Asdrúbal Quijano, jefe de la Dirección de Preservación del Patrimonio Artístico y de Monumentos Históricos.*

DOCTOR QUIJANO

Estado ruinoso. Techos agujereados y podridos por la humedad. Vigas carcomidas por polillas y roídas por roedores. Entretechos ocupados por murciélagos. Suelos desembaldosados por los ladrones. Paredes desajustadas por los temblores y descascaradas por el tiempo y la incuria. Puertas y ventanas desaparecidas y sustituidas por cartones. Cañerías y desagües inexistentes. Tragaluces tapiados por nidos de gorriones y madejas de telarañas. Ventilación nula. Pestilencia y putrefacción. Aguas servidas, alimañas volantes y reptantes en pasillos y habitaciones. Salvo el baño: porque no lo hay, ni nada que se le parezca, ni siquiera una simple letrina o pozo higiénico. Ése es el colmenar de inmundicias y aberraciones arquitectónicas por cuyo anacronismo usted se interesa. Que, además, y para terminar, se halla en peligro inminente de desmoronarse y aplastar a los inquilinos. ¿Está usted satisfecho, señor Brunelli?

39

PROFESOR BRUNELLI *(Se ha ido acer-
cando al escrito-
rio del burócra-
ta, imantado por
su voz.)*

Todos esos argumentos son falsos, señor director. Exageraciones y distorsiones para engañar a la opinión pública.

DOCTOR QUIJANO

¿Se atreve usted a llamarme, a mí, Asdrúbal Quijano, director del Patrimonio Artístico y Monumentos Históricos, un falsario?

PROFESOR BRUNELLI

Y también un insensible a la Historia.

DOCTOR QUIJANO

Si no fuera por sus canas, le respondería como es debido. Tengo dos doctorados, para que se entere. Uno en Arqueología y otro en Ciencias Sociales. A propósito, ¿tiene usted algún título académico?

PROFESOR BRUNELLI

Sólo el Bachillerato. Pero, no me cambie de tema. En esa casa que está entregando a los demoledores, pasó una noche el corsario Morgan, luego de arrasar el puerto del Callao y la ciudad de Lima.

DOCTOR QUIJANO

¿Y quiere que gastemos los escasos recursos del Estado en conservar una pocilga de tuberculosos porque en ella durmió un pirata asesino y truhán, depredador de bienes muebles e inmuebles y espanto de todas las vírgenes del Continente Austral? Se nota que es usted un extranjero sin patria, ciego y sordo a los intereses del país que le brinda hospitalidad.

PROFESOR BRUNELLI

En esa casa de la calle de la Pelota vivió también el Pico della Mirándola peruano: don Pedro de Peralta y Barnuevo, comediógrafo, erudito, filósofo, polígiota y poeta. Sus huesos deben crujir de indignación oyendo sus historicidios, doctor doctor.

DOCTOR QUIJANO

Que crujan. Estoy demasiado preocupado por los vivos, para perder mi tiempo con los muertos. Y tengo mi conciencia tan limpia como el agua de nuestros manantiales serranos. ¿Puede usted decir lo mismo, bachiller?

PROFESOR BRUNELLI

Esa casa se menciona en varias crónicas coloniales. En el siglo XVIII tuvo un pequeño escenario, donde la Perricholi, amante del Virrey Amat, representó muchas comedias. Se debe restaurar, convertir en un teatrín de cámara.

DOCTOR QUIJANO

¡Contésteme lo que le he preguntado! ¿Tiene usted la conciencia tan nívea y transparente como la tengo yo?

PROFESOR BRUNELLI

He venido a que hablemos de la casa del Corsario, no a comparar nuestras conciencias. Doctor doctor.

DOCTOR QUIJANO

¿Está usted asustado, bachiller?

PROFESOR BRUNELLI

Nunca lo he estado en mi vida. ¿De qué lo estaría?

DOCTOR QUIJANO

De su pasado. De estas preguntas: ¿Quién es usted? ¿De dónde vino? ¿Por qué llegó hasta aquí? ¿Huyendo de quién, de qué?

PROFESOR BRUNELLI

De nada ni de nadie. Me embarqué hacia esta tierra por espíritu de aventura. El nombre del Perú se asociaba en mi imaginación juvenil con lo fabuloso y lo mítico. No con burócratas prevaricadores.

DOCTOR QUIJANO

¿Huyendo de la policía, a lo mejor? ¿O de los tribunales de justicia? ¿De algún Comité de Depuración, tal vez? ¿No figurará el apellido Brunelli en los archivos de la magistratura italiana mezclado a hechos de sangre? ¿A estafas? ¿A proezas mafiosas? Basta que yo mueva el dedo meñique para que los diarios que controlamos conviertan esas suposiciones en verdades axiomáticas. Ríase. Yo sé que tras esa risa se oculta el pánico.

PROFESOR BRUNELLI

Me río de sus tácticas intimidatorias, doctor doctor. No tengo prontuario alguno. Ninguna amenaza me va a callar ni poner fin a mi campaña en defensa del patrimonio de este país, que quiero como mío. Eso lo sabe usted muy bien.

DOCTOR QUIJANO

Yo sé que es usted un expatriado. Un inmigrante. Un sujeto sin títulos. Un apátrida. Un revoltoso. Un decrépito. Un atrabiliario. Que está aquí gracias a la benevolencia de nuestro gobierno. Al que sus intromisiones en los asuntos públicos comienzan a irritar.

PROFESOR BRUNELLI

Yo no me meto con el gobierno. Yo sólo irrito a los funcionarios que no cumplen con su deber. Usted y yo tendríamos que ser aliados, no enemigos. ¿No se da cuenta?

DOCTOR QUIJANO

Su permiso de residencia es temporal y puede ser revocado en cualquier momento. Aténgase a las consecuencias de sus chocheras, bachiller Brunelli.

PROFESOR BRUNELLI

¿Cuánto le pagaron esta vez los atilas por la casa del Corsario?

DOCTOR QUIJANO

Moveré cielo y tierra para que sea expulsado del Perú, de manera ignominiosa. Por indeseable. Por escupir en la mano que le ha dado de comer todos estos años. ¡Fuera de aquí!

PROFESOR BRUNELLI

¡Director del Patrimonio Artístico y Monumentos Históricos! ¿No se le cae la cara al oír este título? ¡Doctor usurpador! ¡Doctor impostor!

DOCTOR QUIJANO (*Avanzando hacia él en forma amenazadora.*)

¡Fuera de aquí, he dicho! ¡Viejo payaso! ¡Fuera, bachiche! ¡Fuera, apátrida! ¡Fuera, extranjero! ¡Te prohíbo que vuelvas a ensuciar mi despacho con tu ridícula presencia!

La cara exasperada y el cuerpo trémulo del doctor Quijano se borran en la sombra. El profesor Brunelli se junta otra vez con los cruzados.

VII

LOS CRUZADOS

RICARDO SANTURCE

¿No se puede apelar al ministerio?

PROFESOR BRUNELLI

El ministerio ya dio su visto bueno, Ricardo. Legalmente, no hay nada que hacer. A menos de un milagro, la casa del Corsario será demolida.

DOÑA ENRIQUETA

¿Y nos vamos a quedar con los brazos cruzados?

DOÑA ROSA MARÍA

¿Vamos a ser cómplices de una nueva puñalada contra la pobre vieja Lima?

PROFESOR BRUNELLI *(Reponiéndose, dándose ánimos.)*

Por supuesto que no. Vamos a salir a la calle. Con nuestros carteles. A aullar como los perros a la luna, hasta que los sordos escuchen y los ciegos vean. ¡Ea, amigos, ahora mismo! ¡Ea, de una vez! ¡Los carteles! ¡El himno! ¡A la casa del Corsario! Denunciemos el crimen. Que el pueblo dé su veredicto. ¡Ea, ea, a la calle! ¡A desfilar!

45

VIII

EL DESFILE

Una explosión de alegría sumerge
sus palabras. Azuzándose mutuamen-
te con exclamaciones de ¡Vamos!, los
cruzados enarbolan carteles y se lan-
zan a la calle. Diego Cánepa, contagia-
do, se suma a ellos. Desfilan por los
pasillos y recovecos del teatro, muda-
dos en las callecitas de la vieja Lima.
Por sobre el tráfago callejero y los ron-
quidos y bocinas de los automóviles,
vibrantes, míticas, resuenan las notas
de su himno.

LOS CRUZADOS

¡Los balcones
son la historia
la memoria
y la gloria
de nuestra ciudad!
Son las voces del ayer
que nos piden
—día y noche,
noche y día—
conservar nuestra ciudad.

47

ILEANA
Canta, Diego, canta.

DIEGO
Es que no sé la letra. A ver, cómo es.

LOS CRUZADOS
¡Los balcones
son la historia
la memoria
y la gloria
de nuestra ciudad!

Son los sueños
que debemos
realizar.
Los ideales
que tenemos
que encarnar.

Ellos vienen
de muy lejos:
de la India
y de Egipto
y de Córdoba
y Granada
y de Esmirna
y de Bagdad.
Pero son
pero son
pero son
más limeños
que la niebla
la garúa
santa Rosa
y san Martín.

PROFESOR BRUNELLI *(Discreto, distraí-*
do, se va apar-
tando de los cru-
zados y vuelve a
encaramarse en
el balcón del Rí-
mac.)

Cuántos desfiles tratando de despertar la conciencia de los apáticos y de los indiferentes. En todas las
calles del centro quedó sentada nuestra protesta contra los urbanicidios y los historicidios. ¿De qué sir-
vió? Fuimos unos ingenuos y unos ciegos. Nos creía-
mos la chispa que movilizaría a los generosos, a los
buenos, a los sensibles y a los idealistas, contra la
barbarie. En verdad, fuimos un grupito de extrava-
gantes que, de cuando en cuando, entretenía un rato
a los transeúntes.

LOS CRUZADOS
¡Los balcones
son la historia
la memoria
y la gloria
de nuestra ciudad!
Los balcones
tienen gracia
—fantasía, poesía—
y misterio
de conjuro
y de adulterio
y alegría
de función
de carnaval.

DIEGO
Si mi padre me viera desfilando aquí con ustedes...

ILEANA

¿Te desheredaría?

DIEGO

Diría que he confirmado una de sus predicciones. La de tener un corazón bohemio, impráctico. De chico me decía el nefelíbata.

ILEANA

¿Qué es eso?

DIEGO

El que anda por las nubes. Es lo que estoy haciendo ahora con ustedes ¿no?

DOÑA ENRIQUETA

¿Y no es lindo, acaso, andar por las nubes? Me llamo Enriqueta Santos de Lozano. Tengo setenta y un años pero un corazón de chiquilla desde que formo parte de los cruzados del profesor Brunelli. Mucho gusto, Diego, y bienvenido a la buena causa.

DIEGO

Gracias, señora.

PROFESOR BRUNELLI

No todos se reían de nosotros, cuando manifestábamos ante las casas condenadas. Algunos nos aplaudían, nos animaban. En el fondo, estaban con la cruzada, pero el escepticismo y la abulia prevalecían. ¡Adiós, incautos! ¡Adiós, limeños perezosos!

LOS CRUZADOS
¡Los balcones
son la historia
la memoria
y la gloria

50

de nuestra ciudad!
Son altares
de ilusión.
¡Un balcón
es una rosa!
Miradores
de esperanzas.
Y crisoles
de culturas
y de razas
y de tiempos.
¡Un balcón
es un gorrión!
¡Es una niña!
¡Es un varón!

ILEANA

Todas esas viejitas andan enamoradas de mi padre. Ahora, se enamorarán de ti.

DIEGO

¿Siempre dices las cosas así, con un poquito de ácido?

PANCHÍN

Choca esos cinco, Diego. Soy Francisco Andrade, pero me dicen Panchín. El próximo año terminaré el colegio. Antes dedicaba mi tiempo libre a los *boy scouts*. Pero esto es más divertido. Qué bueno que seas de los nuestros. Ah, y ojalá seamos amigos.

DIEGO

Ya lo somos, Panchín.

PROFESOR BRUNELLI

¡Adiós, falsos modernistas! ¡Adiós, ávidos! ¡Adiós, balconicidas sin moral ni corazón!

LOS CRUZADOS
¡Los balcones
son la historia
la memoria
y la gloria
de nuestra ciudad!
Los balcones
nos vigilan
y nos juzgan.
Nos animan
a soñar.
Nos ayudan
a vivir.
Los balcones
son el tiempo:
el pasado
en el presente
y el porvenir.
¡Los balcones
no pueden morir!
¡No deben morir!
¡No van a morir!

ILEANA
¿Te parece que hablo con amargura?

DIEGO
Sí, a veces. ¿Te importa que te lo diga?

ILEANA
No, no me importa.

DIEGO
A lo mejor es por mí. ¿Te caigo antipático?

ILEANA
No me caes antipático. Tu papá, sí, pese a que
nunca le he visto la cara.

Diego

El atila número uno.

Ileana

Donde pone el ojo, cae un balcón.

Diego

Y surge un edificio o una vivienda moderna. Ésa es la otra cara de la moneda.

Ileana

Si tu padre supiera cuánto hace sufrir al mío cada vez que sus bulldozers arremeten contra las viejas casas. Me lo imagino frío, calculador, interesado en amasar mucho dinero. ¿Es así?

Doña Rosa María

Permíteme estrecharte la mano, Diego. Soy Rosa María de Sepúlveda y te tuteo porque podría ser tu abuela, a quien, por lo demás, conocí mucho. Por la cruzada he renunciado a mis juegos de canasta, pero lo hago feliz, porque, si París vale una misa, Lima vale un balcón.

Diego

Mucho gusto, doña Rosa María.

Ileana

¿Es el ingeniero Cánepa como me lo imagino?

Diego

Insensible a la historia y al arte, tal vez lo sea. Pero no se trata de un mercader sin escrúpulos, ni mucho menos. También quiere a Lima, a su manera. Le horroriza verla tan arruinada y miserable. La quisiera próspera, limpia, flamante, llena de edificios modernos y avenidas relucientes. Es un constructor, en todo el sentido de la palabra. Le gusta ganar dinero, por supuesto. Pero se lo gana trabajando.

ILEANA
Derribando casas antiguas.

DIEGO
Sólo cuando están tan decrépitas que, a su juicio, no tienen compostura. Él piensa que el país carece de medios para reconstruir esas ruinas. Que nuestros pocos recursos deben emplearse en hacer esta ciudad más vivible para los limeños de hoy y de mañana.

RICARDO SANTURCE
Encantado de que estés con nosotros, Diego. Ricardo Santurce, a tus órdenes. Estudio en la Escuela de Arte de la Católica. Me gusta mucho la fotografía. He fotografiado todos los balcones de Lima que quedan en pie. Cuando quieras ver mis fotos, te las enseño.

DIEGO
Gracias, Ricardo.

LOS CRUZADOS
Son antiguos
y modernos.
Son hispanos
y son árabes
y son indios
e indostanos
y africanos.
Son peruanos
y limeños
y limeños
y limeños.
¡Y los vamos
a salvar!

¡Y los vamos
a salvar!
¡A salvar!
¡A salvar!
¡Los balcones
son la historia
y la memoria
y la gloria
de nuestra ciudad!

ILEANA
Bueno, ya está, ya eres de la familia. ¡Diego Cánepa, cruzado de los balcones! Qué bien suena.

DIEGO
Si fuera vanidoso creería que estás coqueteando
conmigo, Ileana Brunelli.

ILEANA
A lo mejor lo estoy haciendo, Diego Cánepa, cruzado de los balcones, jajajá.

> *Las voces de los jóvenes se pierden,*
> *al igual que las notas del himno. La*
> *oscuridad creciente sumerge el ce-*
> *menterio de los balcones, la vieja*
> *Lima. Sólo queda visible el balcón del*
> *Rímac, en la húmeda madrugada, con*
> *el profesor Brunelli trepado en él, aca-*
> *riciando la soga con la que piensa*
> *ahorcarse.*

IX

FANÁTICOS

PROFESOR BRUNELLI

El romance debió comenzar ese primer día que se vieron. Mientras desfilábamos hacia la casa del Corsario (que en paz descanse). Sería también un amor a primera vista. Como el nuestro, putanilla. Me alegro, desde luego. Ileana es una magnífica chica y Diego un buen muchacho. Ella lo quiere, por más que dijera lo que me dijo. Espero que se lleven bien y sean muy felices. *(Como segregado por la memoria del profesor Brunelli, la silueta de Teófilo Huamani se perfila al pie del balcón.)* Pensaba lo mismo cuando enamorabas a mi hija, Teófilo Huamani. Tú no lo creíste nunca, ya lo sé. Se te había metido en la cabeza que te indisponía con Ileana. ¡Falso de toda falsedad! Siempre estuviste equivocado, Teófilo Huamani. Nunca pedí a Ileana que rompiera contigo. Más bien lo lamenté, cuando ocurrió. Te tenía simpatía, pese a nuestras desavenencias. Tus ideas iconoclastas y tu furor me asustaban, cierto. Pero me parecías un joven puro. Cómo te alegraría verme en este balcón, con una soga al cuello.

TEÓFILO HUAMANI

No me alegraría. Tampoco me apenaría, profesor Brunelli. Simplemente, tomaría nota del hecho. Ha sido usted derrotado. Se lo advertí, en nuestra última charla. No se puede remar contra la Historia, detener la marcha del camarada Cronos. Los que lo intentan, se hacen trizas. Eso le ha pasado a usted. Vencido por declarar una guerra perdida de antemano. Lo ocurrido tenía que ocurrir.

PROFESOR BRUNELLI

Qué extraordinaria seguridad. Es algo que siempre he envidiado en gente como tú. La certeza de tener a la Historia de su lado. En cambio, yo he vivido perplejo ante lo que iría a pasar. ¿Sabes a quién me recordabas? A un paisano mío, del siglo xv. Él creía de su parte al cielo, a la verdad divina. Hubiera quemado todos los cuadros y los libros y los palacios de Florencia si lo hubieran dejado, pues los consideraba un obstáculo para la salvación de los florentinos. A él lo quemaron, más bien. No creo que a ti te quemen, como a ese frailecillo fanático. Pero mucho me temo que mueras fusilado o asesinado, Teófilo Huamani.

TEÓFILO HUAMANI

Usted no debería hablar de fanáticos, profesor.

PROFESOR BRUNELLI

¿Por qué no debería?

TEÓFILO HUAMANI

Porque usted es la encarnación del fanático. Más todavía que su paisano Savonarola o que yo. Haga un examen de conciencia, ahora que nadie lo ve ni lo oye, ahora que está solo ante su Dios. Porque usted cree en Dios, me imagino.

PROFESOR BRUNELLI

Sí, creo en Dios. Mejor dicho, creo que creo en Dios. Ni siquiera de eso estoy totalmente seguro, figúrate.

TEÓFILO HUAMANI

Entonces, ahora que está solo ante este balcón, su tótem, su ídolo. ¿Es o no es un fanático?

PROFESOR BRUNELLI

No lo sé. Espero que no.

TEÓFILO HUAMANI

En un momento así, un hombre tiene la obligación de ser honesto consigo mismo. ¿Es usted un fanático, a su manera, sí o no?

PROFESOR BRUNELLI

Bueno, a mi manera, tal vez lo sea.

TEÓFILO HUAMANI

Claro que lo es. ¿Se lo digo por qué?

PROFESOR BRUNELLI

¿Por qué lo soy?

TEÓFILO HUAMANI

Por su escala de valores pervertida. En ella, la primera prioridad han sido unos balcones enmohecidos. En vez de cosas mucho más importantes.

PROFESOR BRUNELLI

¿Cuáles, por ejemplo?

TEÓFILO HUAMANI

Su hija, por ejemplo.

PROFESOR BRUNELLI

Ileana...

TEÓFILO HUAMANI

Reconozca que la sacrificó a un sueño: esas limeñas del siglo XVIII, tapadas con mantillas, espiando a sus galanes detrás de unas celosías. ¿La sacrificó por ese espejismo, sí o no?

PROFESOR BRUNELLI
No fue mi intención.

TEÓFILO HUAMANI
Importan los resultados, no las intenciones, profesor. El precio de su capricho por esas tablas podridas fue la infelicidad de su hija.

PROFESOR BRUNELLI
Siempre creí que Ileana compartía mi amor y mi angustia por los balcones de Lima. Siempre la vi tan entregada, tan entusiasta...

TEÓFILO HUAMANI
Usted no le dejó escapatoria. La obligó a seguirlo, mediante un chantaje moral. Sabiendo muy bien que, en su fuero íntimo, Ileana nunca creyó en esa causa perdida.

PROFESOR BRUNELLI
No, no lo sabía.

TEÓFILO HUAMANI
Lo sabía. Yo se lo dije. Confiésese la verdad, profesor.

PROFESOR BRUNELLI
Sí, me lo dijiste.

> *Baja la cabeza, apesadumbrado. Pero, un momento después, lo atrae la presencia, en el cementerio de balcones, de Ileana y Diego, que están saludándose.*

X

COQUETERÍAS

ILEANA
Felicitaciones, señor articulista.

DIEGO
Ah, leíste mi artículo.

ILEANA
Dos veces. Una, en voz alta, para mi papá. Quedó conmovido con lo que dices de él.

DIEGO
Es lo que pienso. Los peruanos y, sobre todo, los limeños, debemos estarle eternamente agradecidos. El profesor Brunelli es un héroe civil.

ILEANA
A mí no tienes que convencerme.

DIEGO
Ya lo sé. Aunque a veces...

ILEANA
¿A veces, qué?

DIEGO
A veces no estoy seguro de qué piensas sobre estos balcones. Sobre nada, en realidad.

ILEANA

O sea que te parezco... misteriosa.

DIEGO

Todo lo dices de esa manerita medio burlona, medio irónica. Nunca sé a qué atenerme contigo, Ileana.

ILEANA

¿No estaré haciéndome la enigmática para que te enamores de mí?

DIEGO

Tú sabrás.

PROFESOR BRUNELLI *(Divertido con sus recuerdos.)*

Tan coqueta como su madre. Así me fuiste tendiendo la trampa, esposa. Con jueguitos idénticos a los de tu hija. Y, como caí yo, caerás tú también, incauto Diego.

ILEANA

¿Qué dijo el atila número uno de tu artículo? ¿Que te habías pasado al enemigo?

DIEGO

Me dijo: «¿Sabes que estoy celoso, Diego? Me gustaría que sintieras por mí la admiración que tienes al viejito romántico de los balcones.» A propósito, ¿no está el profesor? Le traigo un proyecto.

ILEANA

No tardará. Ha ido con doña Enriqueta y doña Rosa María a ver al señor de la plazuela de San Agustín, para que nos venda el balcón. Van a demoler la casa en cualquier momento, pues ya sacaron a los inquilinos.

DIEGO

¡Otra más! Habrá que hacer algo, entonces.

ILEANA

¿Una manifestación?

DIEGO

Por ejemplo.

ILEANA

No sirven de nada.

DIEGO

Claro que sirven. Hacemos bulla, se habla del asunto y alguna gente abre los ojos.

ILEANA

Has aprendido la lección. Y, como mi papá, no aceptas la evidencia.

DIEGO

¿Cuál es la evidencia?

ILEANA

Que nuestras manifestaciones no hacen ninguna bulla. Ya nadie habla de ellas. Al principio, sí. Era algo pintoresco. El viejo profesor y su coleta de excéntricos, desfilando y cantando por unos balcones. Divertía a la gente. Ya no. Ya no es novedad.

DIEGO

No te desmoralices, Ileana. Así no se ganan las guerras.

ILEANA

Ésta, la hemos perdido, Y, si no, mira el campo de batalla, sembrado de cadáveres. ¿Ha habido, acaso, un solo artículo sobre las últimas manifestaciones?

DIEGO

El mío, en *El Comercio*.

ILEANA

Es verdad. Bueno, no debí hablarte así. Olvídate, por favor.

DIEGO

¡Fttt! Borrado y olvidado. ¿Te puedo decir una cosa?

ILEANA

Me puedes decir dos y hasta tres.

DIEGO

Sin que te burles.

ILEANA

¿Qué cosa?

DIEGO

Que eres muy bonita.

ILEANA

Ya está, ya me lo dijiste.

DIEGO

Y que, hoy, estás más bonita que otros días.

ILEANA

¿Algo más?

DIEGO

Que me gustas mucho. No necesitas hacerte la misteriosa. Porque ya me he enamorado de ti.

ILEANA

No, no me beses.

DIEGO

Está bien, perdona. ¿Te has enojado?

ILEANA

No quiero hablar de eso ahora. No creo que estés
enamorado de mí. Tú te has enamorado de éstos,
más bien.

DIEGO

También de ellos. Pero no del mismo modo. A los
balcones no sueño con besarlos, ni con...

ILEANA

¿Podemos cambiar de tema?

DIEGO

Déjame preguntarte algo, entonces. ¿Por qué estás
así? Tan abatida. ¿Ha pasado algo?

ILEANA

Ya me cansé, creo. Para ti, para doña Enriqueta,
o doña Rosa María, o los chiquilines, ésta es una
aventura de un día por semana, de una tarde al mes.
¡Convertir en realidad los sueños del profesor Brunelli! Para mí, es la vida de todos los días. Después
de barnizarlos, curarlos, matarles las polillas, ustedes se van. Yo me quedo en este corralón. En este
barrio.

DIEGO

Lo comprendo, Ileana. Es un gran sacrificio para
ti. Y para el profesor.

ILEANA

Él tiene sus compensaciones. Es preferible una vejez como la suya ¿no?, llena de excitación, combatiendo por algo en lo que cree, a la de un jubilado que no sabe qué hacerse con su tiempo, salvo esperar la muerte. Vivir pobremente, para él no es problema, pues, como dice, siempre fue pobre. En realidad, mi padre está pasando una vejez feliz.

PROFESOR BRUNELLI *(Iniciando el descenso del balcón.)*

No sospechaba que con ello te hacía daño, hijita. Que una vejez feliz para mí significaba, para ti, una juventud desdichada.

DIEGO

A ver si te levanto un poco el ánimo, Ileana.

ILEANA

¿Cómo?

DIEGO

Con mi proyecto. Lo he pensado y repensado y creo que tendrá éxito. Una gran campaña para darles unos padres a estos huérfanos. Una campaña titulada: «¡Adopte un balcón!»

PROFESOR BRUNELLI *(Integrándose al diálogo de los jóvenes.)*

¡Magnífico, Diego! ¡Una gran idea! Bravísimo. Claro que tendrá éxito, los limeños la apoyarán. «¡Adopte un balcón!» Cómo no se le ocurrió a nadie hasta ahora.

DIEGO

Debemos planearlo todo con mucha maña, profesor. Lanzar una moda. Que adoptar un balcón dé prestigio social. Si llega a surgir una competencia entre la gente acomodada, entre las empresas, a ver quién adopta más balcones para que hablen de ellos en las páginas sociales, la victoria es nuestra.

PROFESOR BRUNELLI *(Entusiasmado.)*

Sí, sí. Que se lleven todos los balcones que hemos salvado. Que los restauren, que los resuciten en casas y oficinas. Que Lima vuelva a ser la ciudad de los balcones, como la llamó el barón de Humboldt.

DIEGO

En vez de cobrar por los balcones adoptados, haremos un pacto. Por cada balcón que se lleven de aquí, los padres adoptivos se comprometen a rescatar algún balcón amenazado del centro de Lima.

PROFESOR BRUNELLI

¡Mataremos dos pájaros de un tiro!

ILEANA

¿Quedarán bien los balcones coloniales en las construcciones modernas?

DIEGO

En edificios de vidrio o en rascacielos de concreto armado, no. Pero en otro tipo de viviendas, por supuesto.

PROFESOR BRUNELLI

Basta que un arquitecto de talento, con imaginación, diseñe unos modelos que incorporen estos balcones de una manera funcional. Entonces, la gente comprenderá que, además de bellos, pueden ser utilísimos.

Diego

He hecho algunos proyectos. Tengo una maqueta terminada. No se olvide que soy arquitecto, profesor. Le gustará.

Profesor Brunelli

Seguro que sí, Diego. Cada uno de estos balcones está embebido de las aventuras, los secretos, las tragedias de esta ciudad a lo largo de tres siglos. Quienes los adopten, harán algo más que decorar con ellos sus viviendas. Fundarán una genealogía. Tenderán un puente espiritual con los limeños de ayer y los de antes de ayer. Esa continuidad es la civilización. Qué hermoso sería ver a estos balcones encaramarse de nuevo sobre las paredes de Lima, otear otra vez desde lo alto la vida y milagros de la ciudad. ¿No, Ileana?

Ileana

Sí, papá.

Una melodía melancólica, sutil, que evoca tiempos idos y una existencia irreal, baña el ambiente. El lugar se ha ido recubriendo de una luminosidad fantástica. Las voces de los personajes se transforman también, a medida que fantasean y se divierten, jugando a resucitar balcones.

XI

LA FANTASÍA DE LOS BALCONES

DIEGO

Ya estoy viendo a éste, rejuvenecido, reluciente, con sus celosías rehechas y sus travesaños reforzados. ¿Dónde lo veo? En una casa de Barranco. Domina un jardín con floripondios, madreselvas y crotos. Acaba de empezar su segunda vida. ¿Se imagina cómo fue la primera, profesor?

PROFESOR BRUNELLI

Estaba junto a la parroquia de la Buena Muerte. Detrás de sus maderas olorosas a naranja, veo una muchacha tan linda como Ileana, tímida y soñadora, destinada por sus padres al convento. Está escribiendo. ¿Qué escribe? ¡Una carta de amor, en endecasílabos rimados! ¿Y a quién? Al poeta de moda en todo el mundo hispánico. ¿Quién es esa muchacha? Pues Amarilis, la misteriosa amante de Lope de Vega.

Diego e Ileana aplauden.

DIEGO

A este pobrecito, tan viejito, lleno de lunares y jorobas, lo veo enderezarse y ponerse de pie, como un ave fénix, como un lázaro. Ahora parece uno de esos viejos espléndidos e inmortales de las pinturas de Rembrandt. Sobrevuela olímpicamente un patio de adoquines y un jardincillo seco, de arenilla y piedra, como el de un monasterio budista zen. Ha iniciado una nueva existencia. En los locales de una compañía minera, nada menos. ¿Quién puede decirme cómo fue su existencia anterior? ¿Tú, Ileana?

ILEANA

Nació en la alameda de los Descalzos, en el taller de unos carpinteros mulatos, famosos en el barrio por su manera frenética de bailar el *candomblé*. Durante dos siglos vio desfilar a sus pies las carrozas de los virreyes y las andas de las procesiones. El más ilustre de sus dueños fue un inquisidor, que, sentado en él, tomando el fresco de la tarde, escribió con una pluma de ganso la sentencia de muerte por fuego de cinco herejes limeños.

El profesor y Diego aplauden.

PROFESOR BRUNELLI

A éste, ni aristocrático ni plebeyo, de una mansión de medianías, allá por la plaza del Cercado, lo veo ahora desafiando al mar, en una casa de La Magdalena. En los amaneceres con neblina, los pescadores lo tomarán por el mascarón de proa de uno de los veleros del corsario Morgan que vino a naufragar en los acantilados limeños. ¿Será muy distinta su vida de la que tuvo en el pasado?

DIEGO

Muy distinta. Porque ahora verá la espuma de las olas, el vuelo de las gaviotas y oirá el chillido de los pelícanos. En el siglo XIX, en cambio, oyó pasar, reventando tiros, a todas las montoneras de las guerras civiles. Y un caudillo de opereta, uniformado de paño rojo, arengó a sus secuaces trepado en su baranda.

ILEANA

A éste, tan pequeñito y desvalido que parece de juguete —nos costó sólo diez soles, ¿te acuerdas, papá?— lo veo en una guardería de niños, en uno de esos barrios nuevos que están surgiendo allá por La Molina. Hay a su alrededor sauces, laureles, ficus, un estanque con peces, pasto con trampolines, subibajas y columpios. Los niños brincan y se oyen silbatos. El balconcito mira y escucha esa vida joven, aturdido y feliz.

PROFESOR BRUNELLI

En su primera edad no conoció nada de eso. Se hallaba en un convento de clausura y sólo veía hábitos talares y caperuzas cenicientas. Cuando llamaban a recreo, el celador, escondido entre sus tablas, espiaba a los novicios, a ver si todos respetaban la consigna de estricto silencio.

ILEANA

¿Y a éste, tan enorme, dónde lo ves, Diego?

DIEGO

En la fachada de una Facultad de Derecho. ¿No tiene, con todos esos laberínticos adornos y tortuosos labrados, algo de forense, de jurídico, de procesal?

ILEANA

Tienes razón. Pues, mira, has hecho que se me fuera el abatimiento. Ahora, tengo ganas de reír. De cantar, de bailar.

El profesor, discretamente, se retira hacia su balcón. Los jóvenes siguen jugando, olvidados de él.

DIEGO

Sigamos, entonces. ¿En qué muro empotramos a éste?

ILEANA

En un prostíbulo, naturalmente. ¿No ves sus curvas exageradas, esos bultos voluptuosos que exhibe con tanta desvergüenza?

DIEGO

No es de extrañar. En el siglo XVIII adornaba la casa peor afamada de Lima. A su sombra, una alcahueta sin escrúpulos negoció la virtud de muchas doncellas. Y, también, la de respetables matronas de la mejor sociedad.

ILEANA

Con éste me quedaré yo. Es mi engreído. Yo misma lo limpio, lo vacuno, lo barnizo, y, cuando nadie nos ve, le cuento mis secretos. Porque yo lo descubrí, abandonado en un muladar del puente del Ejército. Lo traje aquí, lo limpié y mira cómo quedó. ¿No te gusta?

DIEGO

Sí. Y también me gustas tú, Ileana.

ILEANA

No es muy antiguo, parece. Republicano, de mediados del XIX, según mi papá. A mí me impresiona por su sobriedad. Por esa elegancia austera que tiene, sobre todo de perfil. Y el airecillo arrogante con que mira el mundo.

DIEGO

Se parece a ti. A mí también me impresiona tu sobriedad, tu elegancia austera y tu airecillo arrogante.

ILEANA

¿De veras estás enamorado de mí?

DIEGO

De veras.

ILEANA

¿Más que de estos balcones?

DIEGO

Más.

ILEANA

Puedes seguir enamorado también de ellos. No
les tengo celos.

DIEGO

¿Eres celosa?

ILEANA

Un poquito.

DIEGO

¿Ahora sí te puedo besar?

ILEANA

Ahora sí.

XII

DESERCIONES

*Mientras se besan, la melodía se va
extinguiendo y, lentamente, vuelve la
luz de la realidad. Se escucha, acer-
cándose, el cuchicheo de doña Enriqueta y doña Rosa María.*

PROFESOR BRUNELLI
¿«No hay mal que por bien no venga» o «No hay
bien que por mal no venga»? Nunca fui bueno para
recordar refranes. En mi caso ha sido «No hay mal
que por bien no venga». ¿No es verdad, putanilla?
Una ley inexorable de la vida, al parecer. Cuando el
romance de Ileana y Diego; cuando la campaña «Adopte un balcón», en la que pusimos tantas esperanzas,
ya todo había empezado a desmoronarse.

*Los jóvenes han desaparecido. La
atención del profesor se concentra en
las dos señoras, que conversan a sus
pies.*

DOÑA ENRIQUETA
¿Cómo se lo vamos a decir, Rosa María?

DOÑA ROSA MARÍA
Me muero de pena, Enriqueta. Pero tenemos que
armarnos de valor y decírselo, qué remedio.

TEÓFILO HUAMANI

Va a ser una gran decepción para él. Es tan viejito, le podría dar un soponcio.

PROFESOR BRUNELLI *(Bajando del bal-*
cón, sin prisa.)

Por ahí nos íbamos en edad, mis amigas. Pero yo
no me quitaba los años, como ustedes.

DOÑA ROSA MARÍA

Tenemos que hacérselo saber con mucha delicade-
za. Ya se lo adelanté a Ileana.

DOÑA ENRIQUETA

¿Y cómo lo tomó?

DOÑA ROSA MARÍA

Lo comprendió. ¿Sabes el comentario que me
hizo? «Si yo pudiera, haría lo mismo, doña Rosa
María.»

DOÑA ENRIQUETA

¿Eso dijo Ileana?

DOÑA ROSA MARÍA

Calla, calla, ahí está.

PROFESOR BRUNELLI

Buenos días, buenos días, doña Enriqueta. ¿Se
encuentra ya bien? Precisamente vengo de su casa.
No sabe qué mortificado estoy por lo que le ocurrió.
Cuánto lo siento, querida amiga.

DOÑA ENRIQUETA

Bah, no fue nada, profesor. Más susto que otra
cosa.

Doña Rosa María

No digas eso, Enriqueta, no es verdad. Tiene resentida la cadera con el golpe que le dio el ladrón. Ah, si me sucede a mí no sé qué hubiera hecho. ¡Quedarme tiesa del terror!

Doña Enriqueta

Pero si soy más miedosa que tú. La verdad es que me transformé ante el peligro. Yo misma no me reconocía cuando lo estaba rasguñando.

Profesor Brunelli

¿Lo rasguñó usted al ladrón, doña Enriqueta?

Doña Enriqueta

Lo dejé sangrando, imagínese. Pobre, espero que no se le infectaran los rasguños.

Profesor Brunelli

Fue una imprudencia suya el defenderse. ¿Se llevó muchas cosas ese bandido?

Doña Enriqueta

No tenía nada de valor encima, felizmente. Nunca traigo aquí reloj, aretes ni collares. Lo justo para el taxi, porque el Rímac ya no es de fiar. La pena es que en la cartera llevaba mi san Judas Tadeo.

Doña Rosa María

¿Tu san Judas Tadeo? Ahora sé por qué te pusiste a trompearte con el ladrón.

Doña Enriqueta

Una estatuita muy milagrosa, profesor. Nunca me había separado de ella, desde joven. Cuando vi que se la llevaba, me dio una furia. Me le prendí y comencé a arañarlo. Hasta le dije lisuras, creo.

PROFESOR BRUNELLI
Usted diciendo palabrotas, imposible.

DOÑA ROSA MARÍA
No se fíe de las apariencias, profesor. Enriqueta
le tiene mucho respeto y delante de usted no se suelta. Pero, entre amigas, nos cuenta unos chistes que
nos ponen como camarones.

DOÑA ENRIQUETA
La sorpresa que se habrá llevado cuando abrió mi
cartera y en vez de plata se encontró con mi san
Judas. Bueno, a lo mejor el santo lo convierte en un
hombre de bien.

PROFESOR BRUNELLI
No me sorprendería que Dios la eligiera como
instrumento para redimir a un pecador, doña Enriqueta. Me siento culpable, sabe. Sí, sí, le ocurrió ese
mal trance por venir a ayudarme, con ese entusiasmo
suyo por las buenas causas.

DOÑA ENRIQUETA
Ayudarlo en la cruzada ha sido la cosa más bonita que he hecho en la vida, profesor. Por eso, me da
mucha, mucha pena decirle que no podré venir más.

PROFESOR BRUNELLI
¿Nunca más, doña Enriqueta? Claro, me doy cuenta. Después de lo que le pasó...

DOÑA ENRIQUETA
No se trata de mí, sino de mi marido. Siempre
estaba advirtiéndome: «En este barrio, cualquier día
te llevarás el gran susto.» Ha puesto el grito en el
cielo y me hizo prometer que no volvería.

Doña Rosa María

Tampoco yo podré volver, profesor. Se lo digo con lágrimas en los ojos, míreme. Pero mis hijos, desde que supieron lo de Enriqueta...

Profesor Brunelli

Qué le vamos a hacer, doña Rosa María. Entiendo muy bien a sus hijos. Es cierto, el Rímac se ha vuelto peligroso. Es que hay mucha pobreza. Y el alcohol, esas cantinas siempre repletas. En fin, no se preocupen. Le estoy enormemente reconocido. Y estos balcones, también. Las van a echar de menos.

Doña Enriqueta

Y yo a ellos. Mucho.

Doña Rosa María

Seguiremos ayudándole en lo que podamos.

Doña Enriqueta

Escribiendo cartas, haciendo colectas.

Profesor Brunelli

Por supuesto. Trabajo no va a faltar.

Doña Rosa María

Estamos afligidas de causarle esta pena, profesor.

Profesor Brunelli

Lo sé, doña Rosa María. No todo en la vida es de color de rosa. Hay decepciones, reveses. Lo importante es no descorazonarse y seguir luchando por lo que uno cree justo. Y la cruzada lo es.

Doña Enriqueta

Por supuesto que lo es.

Doña Rosa María

Hasta un ciego se daría cuenta de todo lo que usted ha hecho por Lima, profesor.

Profesor Brunelli

Entonces, éste debe ser un país de ciegos. Permítanme un pequeño desahogo. No me suelo desmoralizar fácilmente. Pero, la verdad, no comprendo por qué nuestra campaña «Adopte un balcón» no tiene el menor eco. ¡Pobrecillos! Nadie quiere adoptarlos.

Doña Enriqueta

Yo tampoco lo entiendo. He hablado por lo menos con una docena de amigas, tratando de convencerlas.

Doña Rosa María

Y yo con otras tantas. Ninguna se anima. Eso de poner un balcón antiguo en una casa nueva, les parece una cursilería. Tendrán el gusto extraviado, pues.

Profesor Brunelli

Carecen de gusto, más bien. No se atreven a tener un gusto propio. Pero ¿y ustedes? ¡Usted, doña Rosa María! ¡Usted, doña Enriqueta! ¿No podrían dar el ejemplo? Basta que alguien se anime a hacerlo y las timoratas seguirán la corriente.

Doña Enriqueta

Ya se lo he explicado, profesor. Vivo en el décimo piso de un edificio. ¿Dónde quiere usted que ponga un balcón colonial?

Doña Rosa María

Yo sí podría, en mi casa. Lo intenté, créame. Hasta le elegí un sitio: mi dormitorio, mirando al jardín. Quería adoptar ése, el de las celosías que parecen un encaje. Pero mis hijos no lo consintieron. Ellos son los dueños de la casa, profesor. Para mis hijos todo lo que es viejo es feo.

Doña Enriqueta y doña Rosa María desaparecen. El profesor Brunelli se pasea, melancólico, entre los balcones.

PROFESOR BRUNELLI

No se puede obligar a nadie a cambiar de modo de pensar de la noche a la mañana, desde luego. Habrá que buscar otra manera, entonces. No teman, buenos amigos. Ya les encontraremos padres adoptivos. Han resistido terremotos, saqueos, guerras, la incuria y la ingratitud de la gente. Pese a todo, han sobrevivido. Pueden esperar un poco más ¿no es cierto?

La presencia de su hija interrumpe su divagación.

XIII

ARTE, HISTORIA Y CALABAZAS

ILEANA
Ha venido Teófilo, papá. Quiere hablar a solas contigo.

PROFESOR BRUNELLI
Dile que pase.

ILEANA
¿Lo tratarás bien, papá?

PROFESOR BRUNELLI
Pero, qué recomendación es ésa. ¿Lo he tratado mal alguna vez, acaso? Adelante, adelante, Teófilo, cómo le va.

Ileana se retira.

TEÓFILO HUAMANI
Bien, profesor Brunelli. Buenos días.

PROFESOR BRUNELLI
¿Quería usted hablar a solas conmigo?

TEÓFILO HUAMANI
Sí. Ya sé que usted no me tiene simpatía.

PROFESOR BRUNELLI
¿Y por qué se le ocurre eso?

TEÓFILO HUAMANI
Porque yo no apoyo su campaña. Porque, para
mí, los balcones representan la opresión.

PROFESOR BRUNELLI
¿Se puede saber a quién o a qué oprimen estos
pobres balcones?

TEÓFILO HUAMANI
Antes de que llegaran aquí los forasteros que los
trajeron, en el Perú había una gran civilización, profesor.

PROFESOR BRUNELLI
La de los incas, lo sé muy bien. Y, antes, habían
los chimús, los nazcas, los tiahuanacos, muchos más.
A esa gran civilización inca se añadió la española,
Huamani, que también era grande. Y de ambos resul-
tó el país en el que vivimos usted y yo. Los balcones
son, como los retablos de los altares, las fachadas de
las iglesias o las pinturas cusqueñas, una expresión
de ese matrimonio.

TEÓFILO HUAMANI
Concubinato, querrá decir. Es lo que existe entre
amos y esclavos. Los balcones representan a los dueños, no a los siervos.

PROFESOR BRUNELLI
Se equivoca. En el diseño, sí, decidían los amos.
Pero en la ejecución, en los adornos, las víctimas
volcaron su propio mundo, de manera sutil. Esos bal-
cones son mestizos, es decir, peruanísimos. *(Pausa.)*
Cuando lo oigo hablar con esa amargura de la con-

quista, pienso que es usted quien vive en el pasado. Han corrido cuatro siglos, Huamani.

TEÓFILO HUAMANI

Los hijos de los conquistadores siguen despreciando a los hijos de los conquistados. Cuatrocientos años después, los abusos de la conquista continúan. Para que esto cambie, tenemos que sacudirnos de encima ese pasado. ¡Tenemos que quemar estos balcones, profesor!

PROFESOR BRUNELLI

Habría que quemar también los conventos, entonces. Las pinturas coloniales. Prohibir el castellano, la religión católica. Resucitar el culto a Viracocha, el sol, la luna y los sacrificios humanos. ¿Es posible eso?

TEÓFILO HUAMANI

No. Ni deseable. Pero tampoco podemos revivir el virreynato, que es lo que a usted le gustaría. Ni el incario ni la colonia. Algo nuevo, un país distinto, sin ataduras con el pasado. Por lo demás, eso de quemar fue una metáfora. No soy un incendiario.

PROFESOR BRUNELLI

Ya lo sé. Está en un error, Huamani. Preservar las obras de arte no es negarse al progreso. Un país debe avanzar apoyándose en todo lo bueno que produjo. Así se da contenido a la vida, sustento a la civilización. Eso es la cultura.

TEÓFILO HUAMANI

Para que este país progrese, hay que acabar con esa mentalidad según la cual todo tiempo pasado fue mejor. Y eso es lo que usted inculca a la gente con su campaña.

PROFESOR BRUNELLI

Lo único que quiero es que no se destruya algo bello. Yo también estoy por el progreso. Sacrificando los viejos balcones no habrá más justicia en el Perú.

TEÓFILO HUAMANI

Hay que canalizar las energías del pueblo en la buena dirección, no dilapidarlas en empresas de dudoso contenido ideológico. E, incluso, estético.

PROFESOR BRUNELLI

¿No le parecen bellos estos balcones?

TEÓFILO HUAMANI

Son imitaciones de imitaciones. Terceras, cuartas o quintas versiones de los modelos originales de El Cairo, Marrakech o de Córdoba. No puedo admirar un arte parasitario.

PROFESOR BRUNELLI

Todo nace de mezclas y tradiciones múltiples, Huamani. La originalidad consiste en integrar lo diverso, añadiéndole experiencias y matices nuevos. Ésa es la historia de estos balcones.

TEÓFILO HUAMANI

Bueno, nunca nos vamos a poner de acuerdo sobre este tema. Yo, más bien, venía a hablarle de su hija.

PROFESOR BRUNELLI

Sí, Teófilo.

TEÓFILO HUAMANI

¿Por qué se opone a que yo salga con ella? ¿Es por mis ideas? ¿O porque soy pobre?

PROFESOR BRUNELLI

Si de pobres se trata, por ahí nos vamos usted y yo. ¿Sabe cuál es todo mi capital en el mundo? Estos fantasmas que usted tanto desprecia.

TEÓFILO HUAMANI

Si no es porque soy pobre, será porque me llamo Huamani y porque soy un indio. Será porque alguien nacido en una comunidad campesina, que tuvo que luchar con uñas y dientes para educarse, no es un buen partido para su hija.

PROFESOR BRUNELLI

Déjeme contarle algo que ni siquiera Ileana sabe. Mis padres eran también campesinos, como los suyos. Mi madre nunca aprendió a leer. Yo le leía las cartas... No tengo prejuicios contra nadie, Teófilo. Si Ileana no quiere salir con usted es cosa de ella, yo no se lo he prohibido.

TEÓFILO HUAMANI

Ella me ha dicho que...

PROFESOR BRUNELLI

Es un pretexto ¿no se da cuenta? No habrá querido ofenderlo. Ella sabe lo susceptible que es, Huamani. Ella sabe que todo lo resiente y lo ofende, que vive viendo enemigos por todas partes.

TEÓFILO HUAMANI

Este país me ha hecho así.

PROFESOR BRUNELLI

Seguramente. En fin, compréndalo. Si mi hija no le hace caso, es asunto de ella. Yo no le elijo los pretendientes. Ileana es una mujercita hecha y derecha y tengo confianza en su juicio. Si no ha sabido conquistarla, lo siento mucho.

TEÓFILO HUAMANI

Es que... ella me ha dicho que si no fuera por usted, mejor dicho, por estos malditos balcones, aceptaría ser mi compañera.

PROFESOR BRUNELLI

Ileana no puede haberle dicho semejante cosa.

TEÓFILO HUAMANI

Me lo dijo con todas sus letras:

ILEANA *(Ha aparecido junto a Huamani.)*

Si no fuera por estos malditos balcones, me iría contigo, Teófilo. Pero no puedo hacerle eso a mi padre. Y tampoco a mi madre, a quien se lo he jurado.

Ileana desaparece.

PROFESOR BRUNELLI

Eso se llama levantar falso testimonio, Huamani.

TEÓFILO HUAMANI

Ileana no quiere defraudarlo. Ella vive bajo el hechizo de esa carta que le escribió su esposa antes de morir. Es la única razón por la que sigue aquí. Usted la está sacrificando a una obsesión, señor Brunelli.

PROFESOR BRUNELLI

¿Ha perdido el juicio? Quién es usted para hablarme de ese modo.

TEÓFILO HUAMANI

Ileana no cree en su misión, en su cruzada. Ella se da cuenta que es la manía de un anciano, una excentricidad sin pies ni cabeza.

PROFESOR BRUNELLI
¡Cállese! ¡Cómo se atreve!

TEÓFILO HUAMANI
Usted ha encontrado una manera de divertirse, de sobrellevar los años. Los periódicos lo entrevistan, las radios hablan de usted, las gentes lo reconocen en la calle. Y usted se siente un héroe. Pero ¿y su hija? ¿Cree que a Ileana le gusta este corralón, pasarse los años entre restos de balcones? ¿En vez de estudiar, de trabajar, de tener su propia vida?

PROFESOR BRUNELLI
Me alegro que Ileana no le haya hecho caso. No se merece una muchacha como ella. Usted es un resentido, Huamani.

TEÓFILO HUAMANI
Tal vez lo sea. Pero, esto, se lo tenía que decir. ¿Sabe por qué? Porque a Ileana yo la quiero. No sé si conmigo ella sería feliz. Tal vez no. Pero, con usted, es desgraciada.

PROFESOR BRUNELLI
Váyase, Huamani. No quiero verlo más por aquí.

TEÓFILO HUAMANI
Está bien, profesor, usted manda en su casa. Quisiera dejarle dos adivinanzas. La primera. ¿Tomará en serio Ileana a esas señoras y a esos niñitos de sociedad que juegan a los cruzados los fines de semana?

PROFESOR BRUNELLI
Basta ya. *(Abrumado.)* ¿Y la segunda adivinanza?

¿No se dará cuenta Ileana de lo absurdo que es dedicar la vida a rescatar balcones viejos en un país donde la gente se muere de hambre, de falta de trabajo, de falta de salud, de falta de educación, de falta de todo? *(Pausa.)* Ahora, me puedo ir. Algún día se acordará de esta conversación, profesor.

El recuerdo de Teófilo se desvanece.

PROFESOR BRUNELLI *(Retornando, despacio, a su balcón.)*

Me acuerdo muy bien de ella, Teófilo Huamani. Todavía te veo vibrando de indignación y de rencor. Es verdad, me previniste de todo esto. No sé si me he arrepentido. Si tuviera que empezar de nuevo, creo que haría lo mismo. Será que no sirvo para otra cosa. Me diste un gran disgusto, muchacho. ¡Bah! Estabas dolido. Ileana te había dado calabazas y yo pagué los platos rotos. Esa niña coqueta debió ponerte de vuelta y media, igual que al arquitecto...

Se escuchan, aproximándose, los gritos del ingeniero Cánepa. Trepado ya en su balcón, el profesor lo observa consternado.

XIV

CHAMUSQUINA

INGENIERO CÁNEPA

¡Profesor Brunelli! ¡Profesor Brunelli! ¿Está usted bien? Vaya, gracias a Dios, menos mal que lo encuentro sano y salvo. Está usted sano y salvo, ¿no? *(Acompañado por el invisible profesor, recorre a trancos, con expresión de espanto, lo que queda del cementerio de los balcones.)* Caramba, cómo quedó todo esto. Y el olor... Se mete hasta las entrañas y parece, no sé qué parece. El olor del infierno, la pestilencia de los condenados. Apenas puedo respirar. ¿De veras se encuentra bien? Quiero decir, físicamente. Me imagino lo que significa para usted. Y lo siento mucho. Ya sé que discrepamos sobre cómo remodelar el centro de Lima; pero que no tengamos las mismas ideas sobre arquitectura y urbanismo nunca ha impedido que lo aprecie y respete. Más ahora, que somos consuegros. Quién lo hubiera dicho, ese día que cayó por mi oficina a protestar por los dos balcones de Espaderos. El hijo del atila de Lima casado con la hija del loco de los balcones. Vaya sorpresas que tiene la vida. ¿No le maravillan las cosas inesperadas, las casualidades, las coincidencias, los imponderables que deciden los destinos? Estaba terminando de afeitarme cuando oí la radio... ¡Me pegué un susto! Salí a la carrera, temiendo que usted... Bueno, menos mal que no le pasó nada, profesor. Vine apretando el acelerador; casi

91

choco, en la avenida Arequipa. Y aquí, al salir del Puente de Piedra. «Si al profesor le sucedió algo, qué les digo a los recién casados, cómo interrumpo su luna de miel, apenas llegaditos a Roma.» Qué alivio no tener que pasar por ese mal rato. Me alegra encontrarlo entero, profesor. Y, además, tan sereno. Sabía que era un hombre de carácter, capaz de enfrentarse a la adversidad. Lo importante es que a usted no le haya pasado nada. Lo de los balcones no es tan grave. Bueno, bueno, ya sé que le importa mucho. Desde su punto de vista, este incendio es una tragedia nacional, ¿no? Quiero decir, todavía hay balcones viejos, por ahí, en los conventillos, en las tapias ruinosas de tantas callejuelas del centro. Puede usted recomenzar su tarea, rescatarlos y, en un par de añitos, esto volverá a ser el gran cementerio... bueno, lo que era. ¿Se sabe cómo ocurrió? Un cigarrillo mal apagado, me imagino, el fósforo de algún incauto. ¿No habrá sido un sabotaje? Imposible, usted es tan buena persona, quién querría hacerle daño. Uno de esos malvados que andan sueltos, tal vez. Un loquito que quería divertirse viendo el fuego. Aunque, cuesta imaginar que haya alguien tan retorcido como para ensañarse, porque sí, con unos balcones inservibles. No lo tome a mal, lo decía por decir algo. La verdad, estoy incómodo, no sé por qué. Incómodo y apenado. Como lo oye. Sé muy bien lo que siente. Así me sentiría yo si un edificio construido por mí, en el que se ha invertido trabajo, dinero y desvelos, de pronto, se hace humo. ¿Se lo va a contar a Diego e Ileana de inmediato? Todavía no, mejor. Bien pensado, consuegro. Para qué estropearles la luna de miel a los tortolitos. Son jóvenes, que se diviertan mientras puedan. Éste será el mejor momento de su vida, tal vez. El que recordarán más tarde con nostalgia, al que volverán los ojos cuando sean viejos como nosotros. Espero que nos den pronto un nietecito. O una nietecita.

92

Mi mujer preferiría una niña; yo, un varón. ¿Y usted, profesor? Ileana es una espléndida chica y ella y Diego se llevan como el manjarblanco y el almíbar. ¿No lo cree? Aunque, su hija es una mujercita de carácter ¿no? Diego, en cambio, un poco blando. Le voy a confesar un secreto. Yo estaba celoso de usted. Por ese verdadero lavado de cerebro que le hizo a Diego, mi querido consuegro. Se lo ganó para su causa, pues. Tuvimos tremendas discusiones, él y yo, por los benditos balcones. «Este Brunelli me ha quitado a mi hijo, no hay derecho.» Si Diego hasta llegó a manifestar con ustedes ante una de mis obras. ¿Se ha visto cosa igual? Mi hijo manifestando con esas señoras y esos niños ante la empresa de la que es subgerente. ¿No es de locos? «Diego, Diego, no te reconozco. Todo joven debe tener sus rebeldías, hacer unas cuantas locuras. Eso es sano. Tú has sido demasiado serio y me alegra que, por fin, te dé alguna ventolera. ¡Pero ya está bien, hijito! No puedes ir contra tus intereses, contra los de tu padre, contra los de tu propia compañía, en nombre de una quimera.» Bueno, bueno, perdóneme, profesor, ya sé que no es el momento. No he dicho nada y usted no ha oído nada. Venga, déme el brazo, acompáñeme hasta mi auto, que dejé estacionado a la diabla. *(Toma del brazo al fantasma del profesor Brunelli y camina con él.)* Usted y yo de consuegros, qué cosas. Le voy a decir algo que le va a sorprender. Creo que, a Diego, el capricho de los balcones y las casas viejas se le está pasando. Y espero que, cuando regresen de Italia, se dedique a lo que debe dedicarse un constructor. A construir. No a frenar el desarrollo de la ciudad sino a impulsarlo. A dar la batalla del futuro, no la del pasado. Un joven debe mirar adelante, a alguien que se volvió a mirar atrás ¿no cuenta la Biblia que Dios lo convirtió en estatua? ¿Fue así? Usted sabe más que yo de esas cosas. ¿Por qué creo que a Diego se le está yendo la ventolera de los balcones? Tápese los oídos, consuegro. ¡Por Ileana! Sí, por ella. Está muy bien parada sobre la tierra, pese a ser la hija de un soñador. Me di cuenta apenas la conocí, por mil detalles. Soy buen observador ¿sabe? En fin, mejor me callo, no quiero causarle otra contrariedad, y menos en este momento. Eso sí: Ileana es la mejor esposa que podía haber elegido Diego. Mi mujer piensa lo mismo. ¿Le gusta oírlo, consuegro? Bueno, ahora me marcho. Cuenta con mi solidaridad y mi afecto. ¿Ha decidido qué va a hacer? No puede seguir viviendo en esta mugre, entre tiznes y tablas chamuscadas. ¿Tiene adónde ir? Puede quedarse en mi casa hasta que encuentre otra vivienda, desde luego. Tenemos un cuarto de huéspedes y mi mujer estará encantada de alojarlo. También puedo facilitarle algún dinero, si le hace falta. Un préstamo sin intereses, por supuesto. En fin, a sus órdenes para lo que le haga falta. A cualquier hora del día o de la noche, consuegro.

Se va, despidiéndose de la sombra con la que ha dialogado. Desde su balcón, el profesor Brunelli, quien lo ha observado y escuchado con una cara contrita, lo ve alejarse y desaparecer. Mientras monologa, con gran pesadez y dificultad, como si hubiera perdido la fuerza vital, inicia el descenso hacia el pasado. Ahí está el cementerio de los balcones, antes del fuego que lo destruyó.

XV

PADRE E HIJA

PROFESOR BRUNELLI

Hombre servicial, después de todo. Y, en el fondo, de buenos sentimientos. Un realizador. Si alguien como él se hubiera dedicado a salvar la Lima antigua, con su energía y sus dotes de empresario, quizá lo hubiera conseguido. Yo no fui apto para la tarea. Es verdad, putanilla. Fracasé contigo. Y, lo peor, con Ileana. ¡Ileana! ¡Ileana! ¿Dónde estás? Vaya, por fin llegas. ¿Saliste con Diego? Traigo una gran noticia, hijita.

ILEANA

¿Cuál, papá?

PROFESOR BRUNELLI

Adivina.

ILEANA

No sé, papá.

PROFESOR BRUNELLI

¡Un milagro, Ileana! La Dirección de Preservación del Patrimonio Artístico y Monumentos Históricos... ¿Adivinas, ahora?

ILEANA

No.

PROFESOR BRUNELLI

¡Declaró monumento histórico la casita de la plaza de la Buena Muerte!

ILEANA

Me alegro por ti.

PROFESOR BRUNELLI

Por Lima, dirás. Por el Perú, por la cultura, por los artesanos que erigieron esa joya del arte mudéjar. Monumento histórico. Inalienable, intocable. Sí, señor. Ya no podrán echarla abajo, nunca.

ILEANA

¿Por qué te ilusionas, papá? Sabes que apelarán al ministerio, al poder judicial, y que, tarde o temprano, la resolución será derogada. ¿No ha sido siempre así?

PROFESOR BRUNELLI

No siempre. En algunos casos, hemos triunfado. Que apelen. Daremos la pelea en todas las instancias. Ganaremos, ya verás. A la casita de la plaza de la Buena Muerte, con su acequia de lajas, su verja de lanzas, sus ventanas teatinas, la veremos un día restaurada y dando prestancia a todo el barrio. Un barrio que... bueno, tú ya sabes esa historia. Creí que lo tomarías con más entusiasmo, hijita.

ILEANA

Yo también tengo que darte una noticia.

PROFESOR BRUNELLI

¿Ah, sí?

ILEANA

Diego me ha pedido que me case con él.

PROFESOR BRUNELLI

¿Se van a casar? ¡Pero, Ileana, qué gran cosa! Felicitaciones, hijita. Me alegro muchísimo, por los dos. ¿Sabes que es la mejor noticia que podías darme? Y yo, hablándote de la casa de la Buena Muerte... Pero, vamos a ver, noviecita, cómo es posible que esté usted tan seria al comunicarle a su padre una nueva semejante. Deberías estar rutilando, cantando. ¿Me lo has dicho todo, Ileana?

ILEANA

Diego y yo nos iremos de viaje. A Italia.

PROFESOR BRUNELLI

A la tierra de tu padre, de tus abuelos. ¡Magnífico!

ILEANA

Por un año, papá. Diego ha conseguido una beca.

PROFESOR BRUNELLI

¡Un año! Es mucho tiempo, claro. Te voy a echar de menos. Y a él, por supuesto. Sin ustedes, la cruzada quedará disminuida. La cruzada voy a ser yo solo, en realidad. Porque, desde que doña Enriqueta y doña Rosa María ya no vienen, los chiquilines también comienzan a faltar. Bueno, nada de eso importa. Ya me las arreglaré para matarles las polillas e irlos barnizando, de a pocos. Un año se pasa pronto.

ILEANA

Papá.

PROFESOR BRUNELLI

Estoy muy contento de que te cases con Diego, Ileana. Y de que conozcas la tierra de tus ancestros.

Les voy a hacer un itinerario de paseos que tú y Diego me lo agradecerán toda la vida. Y, a través de ustedes, haré una visita yo también a Italia.

ILEANA

Papá.

PROFESOR BRUNELLI

Sí, hijita.

ILEANA

Yo animé a Diego a pedir una beca al gobierno italiano.

PROFESOR BRUNELLI

Será una buena experiencia para su carrera. La vieja Italia tiene mucho que enseñar a un arquitecto. Hiciste muy bien, animándolo.

ILEANA

No lo hice por él, papá. Lo hice por mí.

PROFESOR BRUNELLI

Hijita, no eres la de todos los días. ¿Qué tratas de decirme? Te vas a casar con un gran muchacho, vas a vivir un año en Europa, podrás visitar tantos sitios bellos. Deberías sentirte feliz. ¿Por qué estás tan seria, tan triste?

ILEANA

Lo hice para salir de aquí. Por librarme de este lugar. Por librarme de ti, papá.

PROFESOR BRUNELLI

¿Por librarte de mí?

ILEANA

De tu fantasía. De la ilusión en la que vives y en la que me has tenido prisionera. No aguanto más, papá.

PROFESOR BRUNELLI

¿Te refieres a la cruzada?

ILEANA

Sabes muy bien que no hay ninguna cruzada. Pero te niegas a ver la realidad y prefieres seguir fingiendo, engañándote. Hasta ahora te he seguido, simulando yo también. No puedo más. No quiero vivir más en la ficción. Tengo veintisiete años. Quiero vivir en la realidad, papá.

PROFESOR BRUNELLI

¿Qué te lo impide? ¿Qué me estás reprochando? ¿Te he hecho algún daño, acaso?

ILEANA

Te lo has hecho tú mismo. Y, de paso, me lo has hecho a mí.

PROFESOR BRUNELLI

Habla claro. ¿Qué me reprochas?

ILEANA

Haberme hecho vivir en este cementerio. Haberme hecho creer que estos balcones iban a resucitar. Los dos sabíamos que era una quimera y, sin embargo, hemos vivido como pobres diablos, gastando todo lo que ganabas en estos cadáveres. No sólo invertiste en ellos tus sulditos de profesor. También, la niñez que no tuve. La carrera que no pude estudiar. El trabajo que me hubiera hecho independiente.

PROFESOR BRUNELLI

Tú nunca me dejaste adivinar...

ILEANA

Quise ser una buena hija. Como me pidió mi mamá, en esa carta, cuando se sintió morir. Yo no tenía que hacértelo adivinar. Tú tenías que darte cuenta. No podías sacrificar tu vida y...

PROFESOR BRUNELLI

No he sacrificado mi vida. No haber tenido éxito no significa que aquello por lo que lucho no sea noble y generoso. El éxito no decide la justicia de una causa.

ILEANA

No debías haber sacrificado mi vida, entonces.

PROFESOR BRUNELLI

No te pude dar las comodidades que tenían otros, es cierto.

ILEANA

No te reprocho eso. Sino haberme hecho perder diez años, quince años, los mejores de la vida, en una empresa imposible.

PROFESOR BRUNELLI

¡No era una empresa imposible! Algo hemos conseguido. La Dirección de Preservación del Patrimonio Artístico y Monumentos Históricos ha declarado inalienable e intangible la casita de la plaza de la Buena Muerte. ¿No te das cuenta? Esta vez hemos derrotado a Asdrúbal Quijano.

ILEANA

Imposible, irreal, absurda. Una empresa en la que no cree nadie, salvo tú.

PROFESOR BRUNELLI

¿Te desmoralizó el fracaso de la campaña «Adopte un balcón»? No quiere decir nada, Ileana. Inventaremos otra fórmula, otros métodos para convencer a la gente.

ILEANA

Una empresa inmoral.

PROFESOR BRUNELLI

¿Por qué inmoral?

ILEANA

Dedicar su vida a luchar por los balcones coloniales en un país donde la miseria y la injusticia son tan grandes, es una inmoralidad.

PROFESOR BRUNELLI

¿Por qué es una inmoralidad?

ILEANA

Porque en la vida hay cosas importantes y cosas que no lo son. Y en un país como éste lo más importante no pueden ser las casas viejas, como lo han sido siempre para ti.

PROFESOR BRUNELLI

¿Eres tú, Ileana? Es tu voz, pero me parece estar oyendo a Teófilo Huamani.

ILEANA

Te reprocho no haberme ido con Teófilo, papá.

PROFESOR BRUNELLI

Era un resentido. Un muchacho lleno de odio.

ILEANA

Pero, con los pies bien puestos sobre la tierra.
Sus fantasías, al menos, tenían que ver con la justicia. Las tuyas, no.

PROFESOR BRUNELLI

¿Estabas enamorada de Huamani, entonces?

ILEANA

Sí. Estaba enamorada de él.

PROFESOR BRUNELLI

Yo no te prohibí que te fueras con él.

ILEANA

Tú nunca me has prohibido nada, papá. Te reprocho también eso: tu bondad. Ella me ató a ti más que
la carta que me escribió mi mamá pidiéndome que te
cuidara. Si no hubieras sido tan bondadoso, estaría
ahora con Teófilo.

PROFESOR BRUNELLI

Tu vida con él hubiera sido...

ILEANA

¿Sacrificada? Tal vez. Pero no me habría dejado
en la boca el sabor de tiempo malgastado que ahora
tengo.

PROFESOR BRUNELLI

Te vas a casar con alguien que vale muchísimo
más, Ileana.

ILEANA

Te reprocho el tener que casarme con Diego para
escapar de aquí.

PROFESOR BRUNELLI
¿No lo quieres, entonces?

ILEANA
No.

PROFESOR BRUNELLI
Ahora comprendo por qué estás tan agresiva y tan sombría, hijita. No es para menos. Tienes que haber sufrido mucho, odiado mucho este lugar, estos balcones, cuando, sólo para huir de aquí, te vas a casar con alguien que no quieres. He sido un avestruz, en efecto. Me has partido el alma, Ileana.

ILEANA
Tenía que decírtelo. Voy a empezar otra vida. Otro barrio, otras ideas, otras ocupaciones, otras ambiciones. No quiero ver un balcón nunca más en mi vida.

PROFESOR BRUNELLI
Lo entiendo muy bien.

ILEANA
Me gustaría que te sacudieras de la cabeza ese ensueño. Esa Lima tuya ya no tiene salvación. Desapareció, murió. Sólo existe en tu fantasía. Quisiera que tú también cambies de vida, papá.

PROFESOR BRUNELLI
Estoy un poco viejo para eso, Ileana.

ILEANA
Puedes vivir muchos años todavía. Enseñando, escribiendo esos libros que nunca terminaste por la cruzada. Tener una vejez tranquila, sin desilusiones. Puedes vivir con nosotros. Diego está de acuerdo. Yo también quiero que vivamos juntos. Con una sola condición.

PROFESOR BRUNELLI
No necesitas decirme cuál, hijita.

Le da la espalda, cabizbajo, y se dirige hacia los balcones encaramados unos sobre otros.

ILEANA *(Desvaneciéndose en el recuerdo del profesor Brunelli.)*
Te mandaré postales con todas las obras maestras de la pintura y de la arquitectura de Italia.

XVI

EL ESPECTÁCULO

El profesor Brunelli empieza a rociar los balcones con una invisible sustancia, yendo de un lado a otro, moviendo las manos con movimientos enérgicos, como si estuviera regando un jardín.

PROFESOR BRUNELLI *(Sigue esparciendo chorros de queroseno a diestra y siniestra, discurriendo entre los balcones, que relucen en la noche con una luz azulina, tétrica.)*

Cumplirá su promesa, sin la menor duda. Ya debe haber alguna postal cruzando el Atlántico, con el Coliseo, el Foro romano o el Castello Sant'Angelo. No sabes lo que te pierdes, hijita querida. Y tú, mi flamante yerno. ¡Un espectáculo fuera de serie! La gran victoria del profesor Aldo Brunelli contra las polillas. Contra las cucarachas. Contra los ratones. Contra los perros vagabundos. Contra los gorriones, los gallinazos y los murciélagos depredadores. Contra los borrachos meones. Contra todos los parásitos que querían medrar en ellos, alimentarse de sus tiernas entrañas o vejarlos y descuartizarlos, degradándolos a la condición de cuevas, nidos, dormideros, urinarios y cagaderos. ¡Un espectáculo comparable al que provocó mi compatriota Nerón en Roma, aquella vez, por amor a la poesía! Ustedes han sido para mí la poesía, pobrecillos. Hijitos míos. Nietecitos míos. No me guardarán rencor, ¿no es verdad? En el cielo de los balcones, serán recibidos como mártires y héroes, después de tanta humillación y sufrimiento. ¡Basta ya!. Hay un límite más allá del cual no es posible vivir sin deshonrarse. ¿Estamos de acuerdo, no es cierto? *(Ha terminado de esparcir el queroseno. Enciende un fósforo. Se le apaga. Enciende otro. Lo arroja. Con los ojos muy abiertos, ve elevarse a su alrededor un cerco de llamas.)* No queremos vivir sin dignidad, sin el mínimo respeto a que tenemos derecho, como seres humanos o como obras artísticas. Hemos resistido. Nos han derrotado. Aceptamos la derrota. Pero no la indignidad ni la vejación. ¡Cómo arden los nobles, los dignísimos amigos! Mira, hijita. Qué elegante despedida. Cómo danzan, cómo se abrazan. Mira esos corazones azules, en el centro de sus llamas. Se extinguen sin un reproche, sin un lamento, con sobriedad espartana. ¡Así mueren los héroes! ¡Adiós, buenos hermanos! ¡Adiós, carísimos! ¡Hasta muy pronto! Hice lo que pude. Sé que ustedes prefieren acabar de esta manera. Los peruanos de hoy no están a la altura de aquellos que los construyeron. No los merecen a ustedes. Que se queden con sus casas muertas, con sus edificios sin alma. Esta ciudad ya no es la nuestra. ¡Vámonos con la música a otra parte, pues!

Echa a caminar, encogido, súbitamente abrumado. Va hacia el balcón

del Rímac, que ha quedado intacto.
Canturrea, a media voz, el estribillo
del Himno de los Balcones:

¡Los balcones
son la historia
la memoria
y la gloria
de nuestra ciudad!

Se trepa al balcón.

Bueno, Brunelli. Va siendo hora de terminar con
este trámite.

Se oyen los pasos asimétricos del
borracho y su voz agitada, de hombre
que ha corrido.

XVII

NUEVAS AMISTADES

BORRACHO

Vaya, don, ahí está usted todavía. O sea que no lo
soñé. No fue una alucinación, producto de esas mezclas asesinas que les gustan a mis primos: pisco con
cerveza, cosas así. ¡No se las recomiendo a nadie que
tenga úlceras!

PROFESOR BRUNELLI

¿A qué ha vuelto?

BORRACHO

A ver si usted estaba aquí o si eran los diablos
azules.

PROFESOR BRUNELLI

Ya lo comprobó. Váyase, ahora. Lo que tengo que
hacer, debo hacerlo solo. Con dignidad y sin testigos.

BORRACHO

La calle es también mía, por si acaso. Además,
quería decirle que ya me acordé de usted. El viejito
que hace mítines en las casas que van a tumbar. Es
usted, ¿no?

PROFESOR BRUNELLI

Sí.

BORRACHO

Claro que es usted. Su foto estaba en *Última Hora* el otro día. ¿Cierto que le quemaron todos esos balcones que tenía en un corralón del Rímac? El periódico decía que lloró usted como un niño. ¿De veras, don?

PROFESOR BRUNELLI

Yo no he llorado jamás. Por lo menos, para el público. Cuando lloro, lo hago para adentro y nadie lo ve.

BORRACHO

Llora con los ojos del alma, entonces. Como dice el vals.

PROFESOR BRUNELLI

Falso también que me los quemaran. Los quemé yo. Les eché queroseno y los prendí, con estas manos.

BORRACHO

¿Por qué lo hizo? ¿No era usted, más bien, el salvador de los balcones?

PROFESOR BRUNELLI

Le ruego que siga su camino, amigo. Debo hacer algo grave y no quiero testigos.

BORRACHO

¿Por qué quiere usted matarse, se puede saber?

PROFESOR BRUNELLI

Los maté porque ésa era una muerte más digna para ellos que irse pudriendo, lentamente, ahora que no tendrán quien los cuide.

BORRACHO

¿Se refiere a los balcones?

PROFESOR BRUNELLI

Preferible acabar en un gran acto ceremonial, purificador, que a poquitos, comidos por polillas y ratones, roídos por la humedad, sirviendo de meadero a perros y a borrachos. Morir en un holocausto tiene grandeza. Ir desapareciendo entre la incuria y el desprecio de la gente, es innoble.

BORRACHO

¿Para eso se va a matar? ¿Para tener un final de película?

PROFESOR BRUNELLI

A los condenados a muerte se les concede la última voluntad. Sea generoso: váyase.

BORRACHO

No puedo irme. Estoy un poco asustado ¿sabe? No me gusta esto de saber que se quiere matar. Me siento cómplice de un crimen.

PROFESOR BRUNELLI

Diga más bien que no se va por morboso. Quiere verme morir.

BORRACHO

A lo mejor es por eso.

PROFESOR BRUNELLI

¿Piensa usted pillar mi cadáver? Se llevará una decepción. No tengo nada encima, salvo este terno raído y estos zapatones cansados.

BORRACHO

Me enojaría si no fuera usted el viejito que es, don.
Y el mal rato que debe estar pasando para querer
matarse. Soy más honrado que cualquiera. No he visto
morir a nadie hasta ahora. ¿Será por simple curiosi-
dad, que no puedo irme? No. Por compasión, más bien.
Aunque, quién sabe, hay tantas cosas torcidas en la
cabeza humana... ¡Jajajá! ¿Sabe de qué me río? Me
acabo de acordar. En alguna parte leí, o alguien me
dijo, que a los ahorcados, en el instante de morir, cuando la soga se les cierra en el pescuezo, se les para la...
Bueno, que tienen una erección, para decirlo en educa-
do. La despedida de la virilidad, o algo así. Aunque,
usted, a sus años ¡jajajá! Disculpe, ya sé que no está
para bromas. No sé por qué me río, ni por qué digo
estas cosas. Estoy nervioso. Me pone usted raro, no sé
qué hacer. No puedo irme. Por qué no me hace un
favor. Bájese de ese balcón y vayamos a tomarnos
un caldito de gallina, aquí nomás, al mercado del Rímac. Lo invito. ¿Me oye? Oiga, oiga, pero qué es esto.
¡Profesor, profesor! ¿Se ha ahorcado usted? ¿Eso hacía mientras yo bromeaba? Dios mío, qué pesadilla.
¡Socorro, policía! ¡Ayuda! *(Se oye crujir el balcón, ame-
nazadoramente.)* Padre nuestro, que estás en los cielos,
santificado sea tu Nombre... *(Lo interrumpe el estrépi-
to con que se vienen abajo el balcón y el hombre colga-
do en él. Es un sonido aparatoso, monumental, de tablas y tablillas que se desparraman por todo el derredor entre una gran nube de polvo.)* ¡Dios mío! Perdóna-
me mis pecados, Santa Madre del Señor.

PROFESOR BRUNELLI *(De entre las tablas, su voz sue-
na remota y ado-
lorida.)*

Déjese de rezo y ayúdeme a salir de aquí. Me siento una rata aplastada.

BORRACHO

Sí, sí, por supuesto. ¿Está usted bien? ¿Ningún hueso roto? No, no, menos mal que no le pasó nada. Déjeme sacudirlo, parece un fantasmón con todo ese terral encima. Bueno, bueno, ahora sí que se me quitó la borrachera ¡Qué emociones, para comenzar el día! ¡Pa su diablo! ¿No le duele el pescuezo? Y usted que decía que este balcón nos resistiría a los dos juntos.

PROFESOR BRUNELLI

Me salvaron la vida las polillas. ¿Se ha visto algo más ridículo? Ríase nomás, no es para menos.

BORRACHO

Me alegro de lo que pasó. No me hubiera gustado ser testigo de su muerte, don. Me pegó un sustazo, sabe, cuando lo vi ahí, colgando.

PROFESOR BRUNELLI

Yo quería terminar de una manera dramática, con un gran gesto simbólico. Para el presente y para la posteridad. Y todo ha terminado en una payasada. Pero lo peor no es eso. ¿Sabe qué es lo peor, mi amigo?

BORRACHO

¿Qué?

PROFESOR BRUNELLI

Que he destruido una de las maravillas barrocas del siglo XVIII. Yo, yo mismo la he pulverizado.

BORRACHO

Ésa es una manera de verlo. Podría haber otra, don.

PROFESOR BRUNELLI
¿Cuál otra?

BORRACHO
Que el balconcito se sacrificó para que usted se salvara. ¿No habla usted de esos balcones como si estuvieran vivitos y coleando? Entonces, cabe mi explicación. Cuando el balcón sintió su peso, reflexionó: «Ni de a vainas, yo no permito que el defensor de mis hermanos acabe así.» Y prefirió desintegrarse para que usted viviera.

PROFESOR BRUNELLI
¿Sabe que esa explicación me gusta?

BORRACHO
A mí también.

PROFESOR BRUNELLI
¿Qué más pensó el balcón, antes de hacerse añicos para que yo me salvara?

BORRACHO
Bueno, mi cabeza ya produjo una genialidad. No producirá otra hasta el próximo año.

PROFESOR BRUNELLI
Pensó: «Ese viejo debe vivir para seguir batallando. Hay todavía muchas casas nobles, muchos balcones ilustres por salvar.»

BORRACHO
¿Y eso es lo que va a hacer ahora?

PROFESOR BRUNELLI
No me queda alternativa. ¿Iba en serio eso del caldito de gallina en el mercado del Rímac?

BORRACHO

Espéreme, déjeme ver si me alcanzan los solcitos. Porque, anoche, mis primos me hicieron pagar a mí todas esas mezclas asesinas de cerveza y pisco. Sí, alcanza. Mire, ya hay luz. Nada como un caldito de gallina sustancioso para comenzar el día.

PROFESOR BRUNELLI

Vamos, pues. Y, luego, me acompañará usted a mi corralón a recoger un par de carretillas, que se salvaron de la quema. Y volveremos aquí.

BORRACHO

¿Volveremos?

PROFESOR BRUNELLI

Venga, déme el brazo que ando un poco magullado. Volveremos a llevarnos esas tablas, mi amigo. Las vigas, molduras, adornos. Hasta las astillas. Porque, aunque nos tomará algún tiempo, a este primor barroco lo vamos a resucitar.

BORRACHO

¿Me podría decir por qué habla en plural?

PROFESOR BRUNELLI

Porque usted será mi ayudante. Mi brazo derecho.

BORRACHO

Ah, caramba. Ya veo, es usted de esos a los que se les da la mano y se trepan hasta el codo.

PROFESOR BRUNELLI

Mientras nos tomamos ese caldito de gallina, se lo explicaré. Ya verá, salvar balcones viejos es mucho más que un servicio público. Ya verá qué aventura entretenida y exaltante puede ser.

BORRACHO

A este paso me voy a arrepentir de que se viniera abajo el balconcito, don. Ya me veo convertido en el loco de los balcones bis.

PROFESOR BRUNELLI

La cruzada ha experimentado una merma, con la partida de mi hija y de mi yerno. Y con ese malhadado incendio. Habrá que recomenzar desde cero. Usted y yo seremos la semilla. La cruzada rebrotará como los árboles luego de la poda: más fuerte que antes. Creceremos, formaremos un ejército de soñadores. Devolveremos a Lima la gracia y la majestad que le corresponden por tradición y por historia...

> *Mientras se alejan, tomados del brazo, en el amanecer azulino, comienzan a oírse los compases del Himno de los Balcones.*

BORRACHO

Lo peor de todo es que, con esa labia maldita, usted es capaz de convencerme. Ya nos estoy viendo a los dos encerrados en un manicomio y con camisa de fuerza, don.

> *Sus voces se pierden, sumergidas por el himno, cantado a voz en cuello por invisibles cruzados, mientras cae el*

TELÓN

Berlín, 13 de febrero de 1992

ÍNDICE

Impreso en el mes de noviembre de 1993
en Talleres Gráficos DUPLEX, S. A.
Ciudad de Asunción, 26
08030 Barcelona

<u>adj</u>   as ___ as

Es fuerte como una roca.

No es tan fuerte como una
                              roca

Le pido disculpas } sorry
=

"Heavenly" - balconies.
              - but also has
              head in clouds
Daughter is more practical